의
입시   면접까지 완전 대응

NCS 이해와 취업 성공 전략

정종태 _ 지음

Σ 시그마프레스

NCS 이해와 취업 성공 전략

발행일 | 2015년 7월 10일 1쇄 발행

저자 | 정종태
발행인 | 강학경
발행처 | (주)시그마프레스
편집 | 강영주
교정 · 교열 | 이지선

등록번호 | 제10-2642호
주소 | 서울특별시 영등포구 양평로 22길 21 선유도코오롱디지털타워 A401~403호
전자우편 | sigma@spress.co.kr
홈페이지 | http://www.sigmapress.co.kr
전화 | (02)323-4845, (02)2062-5184~8
팩스 | (02)323-4197

ISBN | 978-89-6866-564-6

이 도서의 국립중앙도서관 출판시도서목록(CIP)은 서지정보유통지원시스템 홈페이지(http://seoji.nl.go.kr)와 국가자료공동목록시스템(http://www.nl.go.kr/kolisnet)에서 이용하실 수 있습니다.(CIP제어번호 : 2015017519)

저자 서문

2015년 3월 24일 정부는 130개 공공기관과 '직무능력 중심 채용 MOU'를
체결했다. 이후 언론보도가 나갔다. '이제부터 NCS 채용으로', '공기업 채
용 패러다임의 변화' 등 기사가 헤드라인을 장식했다. 정부는 130개 공공
기관(공기업 포함)에 NCS(National Competency Standard, 국가직무능력
표준)에 기반하여 채용을 2015년부터 단계별로 도입하겠다는 것이다. 정
부 발표에 이어 삼성그룹과 롯데그룹도 NCS 기반의 채용을 하겠다는 기
사도 나왔다.

'NCS'가 무엇인가? 당장 취업을 준비해야 하는 '취준생'들은 지금까지
열심히 공부해 왔는데 뭔가 더 해야 하나? 뭐지? 추가로 더 해야 하나? 무
척 혼란스러워한다.

또 130개 공공기관도 마찬가지이다. NCS를 기반으로 한 채용을 어떻
게 준비해야 하나? 역시 혼란스럽기는 마찬가지다.

정부와 공공기관의 MOU 체결 이후 연일 언론기사들이 나왔다. '한
국전력 NCS 기반 채용', '한국중부발전 NCS 기반 채용', '안전보건공단
NCS 채용', '한국지역난방공사 NCS 채용' 등이다. 또 취업컨설팅을 하는
회사나 담당자들도 앞을 다투어 "NCS에 쫄 거 없다.", "NCS는 또 다른
스펙이다." 등 제각각의 반응을 보이고 있다.

나는 NCS가 나오기 이전부터 대기업 선발 시스템 컨설팅을 했으며, 면
접관 교육을 진행하여 왔다. 또 공기업의 신입사원 채용 시 면접관으로서
도 직접 참여하였다. 대략 10년은 된 것 같다. 면접 관련 서적도 몇 권 출
판하였다. 나의 컨설팅이나 면접관 교육, 면접 관련 서적에서 보면 공통
적으로 '역량'을 강조하고 있다. 즉 기존의 면접을 역량 면접으로 바꾸어

기업과 직무에 적합한 인재(right person)를 선발해야 한다는 것이다.

역량은 영어로 competency이다. NCS의 'C'가 바로 competency이다. NCS는 갑자기 하늘에서 떨어진 것이 아니다.

2015년 들어 채용 및 취업시장을 강타한 NCS는 기존의 필기시험 중심의 공기업의 채용제도를 역량(면접) 기반의 채용제도로 전면 변경하는 것이다. 즉 스펙을 탈피한 진정한 능력중심의 사회를 만들겠다는 것으로 이해하면 된다.

이를 시작으로 삼성, 롯데, SK 등 국내 대기업도 다시 한 번 현재 선발제도를 검토하고 보완하여야 한다. 이들 대기업의 일부는 이미 역량 면접을 도입하였으므로 "돌다리도 두들겨 보고 건넌다."는 생각으로 검토하고 보완하면 된다.

나는 NCS란 무엇이며 취업을 준비하는 학생들이 어떤 준비를 해야 하는지 고민하는 것에 도움을 주려 집필을 시작했다.

이 책은 일곱 장으로 구성되어 있다. 제1장에서는 최근 채용 트랜드를 정리하였다. 취업을 준비하는 많은 학생들이 채용 흐름을 이해하고 적극적으로 대응하기 바란다. 제2장과 제3장에서는 NCS에 대하여 정리하였다. NCS 구성체계와 이를 이용한 채용 프로세스로 구성되어 있다. 기업의 특성에 따라 채용 프로세스를 선정하고 채용방법을 정하게 될 것이다.

제4장과 제5장은 NCS 채용의 가장 기본적인 직업기초능력 열 가지별 취업대비 전략을 제시하였다. 입사지원서 작성, 필기시험, 면접에서 구체적으로 열 가지 직업기초능력이 어떻게 반영되고, 또 취업준비생들이 어떻게 대응해야 하는지 상세하게 기술되어 있다.

그리고 제6장에서는 NCS에 대응한 취업전략 및 구체적인 방안을 제시하였으며, 제7장에서는 NCS 채용이 해결해야 할 과제를 제시하였다.

다시 얘기하지만 NCS를 두려워할 필요는 없다. 차분히 준비하면 된다.

이미 삼성, SK 등 국내 대기업의 취업을 준비 중이었던 학생이라면 지금처럼 준비하면 된다.

단지 공기업을 비롯한 공공기관은 시험중심의 채용 시스템이 전면적으로 변화된다. 혹자는 이를 채용 패러다임의 변화라고도 한다.

NCS 기반의 채용에 대응하기 위해서는 학교에서 스펙을 쌓는 것도 중요하지만 인턴, 아르바이트 등의 경험을 최대한 살려 직무수행능력을 쌓는 것이 중요하다. 조직 내에서 대인관계가 무엇인지, 실제 조직의 대인관계는 구체적으로 누가와의 관계인지, 왜 발생하는지, 어떻게 해결해야 하는지, 또 의사소통은 무엇인지, 의사소통할 상황은 언제 발생하는지에 대해 이해하고 적절하게 행동할 필요가 있다.

단순히 책이나 강의로 습득할 수 없다. 현장에서 경험을 해야 하고, 그 경험에서 지혜를 얻어야 한다. 이것이 NCS가 요구하는 직무수행능력이다. 또 이런 경험을 스토리라고 한다.

역량, 스토리, NCS는 결국 모두 같은 얘기이다. 역량이 다르고 스토리가 다르고 NCS가 다르지 않다. 당황할 필요가 없다.

결론적으로 공기업의 선발방법이 '시험'에서 '면접'으로 바뀌었다는 것이 핵심이다. 그러나 면접은 과거 일반적인 면접이 아니라 역량 면접 또는 역량구조화면접으로 바뀌게 된다.

마지막으로 이 책이 나오기까지 물심양면으로 지원해 준 사랑하는 아내와 두 딸에게 진심으로 감사를 표하며, 원하는 꿈들이 이루어지기를 기원한다. 또한 ㈜시그마프레스의 강학경 사장님을 비롯한 임직원 여러분들의 도움이 없었다면 이 책은 세상에 나올 수 없었을 것이다. 특히 원고를 꼼꼼히 읽고 좋은 의견을 주신 편집부 이지선님께 진심으로 감사를 드린다.

– 2015년 5월 행당동에서

정종태 씀

차례

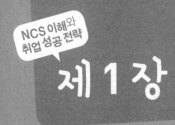

최근 채용 트렌드와 이슈

1. 스펙보다 스토리 시대

도서관을 벗어나자

스토리란 이야기를 말한다. 이야기가 의미를 가지려면 강력한 메시지가 있어야 하고 주인공이 있어야 한다. 최근 개봉된 영화 국제시장의 주인공 덕수의 경우, 그는 자신을 위해서 산 것이 아니다. 그는 오직 가족을 위해 굳세게 살아온 우리들의 아버지의 모습을 보여준다. 덕수의 삶이 '옳다, 그르다'의 문제를 떠나서 영화에서는 '가족'이라는 강력한 하나의 일관된 메시지를 들려준다.

파울로 코엘료의 저서 **연금술사**에서 주인공 양치기 산티아고는 스스로 선택한 여정을 거치면서 꿈을 찾아 떠난다. 산티아고의 모험은 서로 다른 다양한 사람들을 만나는 여정이다. 산티아고는 그들과 겪은 일화에서 깨달음을 얻기도 하고, 그들이 건네는 충고를 에너지 삼아 다음 여정을 계속 이어 나간다.

꿈을 쫓아가는 여정 속에서 산티아고는 끊임없이 자신을 변화시킨다. 양치기에서 장사꾼으로, 사막을 횡단하는 대상에서 연인으로 또 전사로, 산티아고는 매번 자신을 둘러싼 상황에 따라 변화하지만 절대 꿈을 포기하지 않음으로써 우주의 신비인 연금술의 원리를 찾을 수 있게 된다.

영화 **국제시장**에서 주인공 덕수는 가족을 위하여 독일 광부로, 월남으로 죽음을 무릅쓰고 갔다. 연금술사에서 산티아고는 꿈을 찾아 지속적으로 실천하고 행동을 했다.

이와 같이 스토리는 스스로의 실천 행동과 경험에서 나온다.

많은 젊은 학생들이 스펙을 쌓기 위해 하루 13시간씩 도서관에서 영어와 전공서적을 읽고 또 읽는다.

하지만 도서관에서는 스토리를 만들 수 없다.

다음 사진은 우리나라의 한 대학교 도서관과 이스라엘의 한 대학교 도서관의 모습이다. 우리나라 대학생들은 혼자 열심히 책만 읽고 있지만 이스라엘 대학생들은 도서관에서 서로 대화하고 있다. 책상이나 도서관 디자인도 다르다. 우리나라 대학 도서관은 혼자 공부하기에 적합한 독서실 형태이다. 반면 이스라엘 대학 도서관의 책상이나 디자인은 대화하기 편하게 되어 있다. 가운데 작은 탁자를 중심으로 의자를 돌릴 수 있도록 되어 있어서 대부분의 학생들이 옆이나 뒤에 있는 학생과 대화를 하고 있다.

:: **그림 1.1** 우리나라 대학교 도서관 모습

:: **그림 1.2** 이스라엘 히브리대 도서관 모습

스티브 잡스, 마크 주커버그, 빌 게이츠는 모두 학교를 그만두었다. 이들은 세계 기업의 역사를 새로 쓴 스토리를 만들었고, 전 세계의 사람들이 그들이 만든 스토리를 읽고 즐기고 있다.

물론 젊은 학생들에게 이들처럼 학교를 그만두라고 말하려는 것은 아니다.

나는 훌륭한 컨설턴트가 되는 것이 꿈이었다. 하나의 기업과 오랜 기간 동안 함께할 수 있는 컨설턴트가 되는 것을 희망했다. 단순히 일회성 자문이나 아이디어를 제공하는 수준을 넘어, 아이디어를 직접 실현하고 그 결과를 확인하는 컨설턴트가 되고 싶었다. 이를 위하여 박사학위도 따고 기업을 이해하기 위하여 실제 기업에서 10년 이상 근무했다. 이러한 노력으로 지금은 주 3일 한 기업의 인사담당 전문이사로 일하고 있다. 내가 설계한 제도나 시스템으로 현재 기업이 직접 가동되고 있는 것을 본다. 또 주 1일은 컨설팅을 하고 나머지 1일은 교육과 강의을 한다. 그리고 주말에는 책을 집필하고 있다.

어떤 유명한 강사는 꿈을 가지라고 조언한다. 하지만 꿈만 꾼다고 스토리가 만들어지는 것은 아니다. 실천하는 행동과 경험이 뒤따라야 한다.

이력서 및 입사지원서, 면접에 스토리 강조

일부 인사업무를 담당해 본 경험이 없는 사람들은 20여 년 전 이력서를 보면서 "이력서는 단순히 스펙만을 나타낸 종이이다.", "스토리를 쓸 곳이 없다.", "이력서 밖으로 행군하라.", "개인의 노력 정도가 나타나지 않는다." 등의 말로 비판한다.

그러나 이는 사실을 모르는 이야기이다. 이력서는 이미 바뀌었다. 스토리도 존재한다. 노력에 관한 이야기를 쓰는 란도 있다. 물론 그렇다고 스펙이 완전히 사라진 것은 아니다.

나는 15여 년간 인사컨설팅을 해오고 있고, 또 인사실무를 10년 이상 경험하였다. 지금도 선발제도를 끊임없이 고민하며 개선하고 있다.

다음은 내가 근무하는 회사의 이력서이다. 첫 페이지는 지원자의 학력 등 기본적 사항과 영어 점수 등을 기록하는 란이다. 스펙이다. 그러나 둘째 페이지는 스토리이다. "가장 어려웠던 적은 언제인가?", "이러한 상황을 어떻게 인식했는가?", "또 어떻게 해결하였나?" 등을 묻는다.

또한 면접에서도 경험과 스토리를 평가한다. 면접관은 면접에서 질문을 던지고 지원자의 능력과 역량을 체크하는 훈련을 받는다.

따라서 최근 기업의 입사지원서와 면접 트렌드를 이해하고 이에 효과적으로 대응해야 한다. 물론 모든 면접관이 훈련을 받고 경험과 스토리를 평가하는 질문을 하는 것은 아니다. 일부 면접관은 경험과 스토리를 체크

:: 그림 1.3 입사지원서(첫 페이지)

해야 하는 최근의 선발 트렌드를 이해하지 못한다.

예를 들어, 문제해결 역량을 체크하기 위하여 이력서에 "지금까지 겪었던 경험 중 어려웠던 일은 무엇이며, 이를 어떻게 극복했는가?"에 대해 기술하라는 질문이 있다고 하자.

면접관은 답변한 스토리를 보고서 면접을 진행하여야 한다. 그러나 면접관에 따라 이를 등한시하고 그냥 넘어가거나 아니면 간단히 질문하고 넘어가기도 한다.

Q. 면접관 : 어려운 일을 경험하였네요. 어떻게 해결했나요?

A. 지원자 : 네, 제가 이력서에 기재한 내용대로 밤을 새워서 해결하였습니다.

Q. 면접관 : 네, 대단하시네요. 다음 질문드리겠습니다.

'문제해결 역량'은 정말 필요한 역량이고 지원자에게 이 역량이 있는지를 평가하기 위해서 훈련을 받은 면접관이라면 좀 더 구체적인 질문을 할 것이다. 이를 탐색질문이라 한다.

Q. 면접관 : 지금까지 아주 힘들었거나 난처했던 경험이 있으신가요?

A. 지원자 : 네, 제가 이력서에 기재한 것과 같이 ~한 일이 있었습니다.

Q. 면접관 : 그 상황을 구체적으로 말씀해 주시겠습니까?

A. 지원자 : 전 직장에서 상사와 의견차이가 있었는데 상사의 고집이 워낙 강하여 제 생각에 대한 신념이 있었지만 관철하기가 어려웠습니다.

Q. 면접과 : 그래서 그냥 포기하였나요?

A. 지원자 : 고민이 많았습니다. 그래도 한 번 저의 생각을 진지하게 상사에게 말씀을 드리는 것이 옳다고 생각하여 어렵게 미팅을 요청했습니다.

Q. 면접관 : 결과는 어떻게 되었나요?

A. 지원자 : 의외로 상사께서 저의 용기와 고민을 높이 사서 쉽게 의견이 수용되었고 이를 계기로 상사께서 저를 다시 인식하게 하는 계기도 되었습니다.

이런 탐색질문을 통하여 어떤 지원자가 진정으로 문제를 잘 해결할 수 있는 역량을 갖고 있는지 파악할 것이다. 문제의 원인은 어디에 있는지 그리고 문제를 해결하기 위하여 어려운 여건에도 불구하고 노력을 하는 지 등을 파악하려 할 것이다.

물론 아직도 많은 공기업이나 중소기업의 이력서는 스펙이 중심이고 면접은 형식적으로 진행되는 것이 현실이다.

꿈이나 목적에 기초한 실천

내가 아주 잘 아는 열정적인 아이가 있다. 서울에 있는 모 대학교 2학년 여학생이다. 학업성적도 뛰어나고 어학도 잘한다. 토익 만점에 IBT 114점, 텝스는 890점이다. 게다가 중국어, 일본어, 프랑스어도 잘한다.

뭔가 하고자 하는 열정 역시 무척 강하다. 그래서 고등학교 다닐 때 매점에서 아르바이트도 하고, 연구소에서 번역도 했다. 그리고 편의점, 패스트푸드점에서도 일했다.

작년 여름에는 학교를 휴학하고 워킹홀리데이 비자를 받아 호주 시드니 레스토랑에서도 일했다. 물론 오래는 아니고 약 1개월 동안만 했다.

그러나 이 학생에게는 스토리가 없다. 열정이 있고 스펙은 좋으나 스토리라 부를 만한 것이 없다.

왜일까?

모든 행동의 기본이 되는 꿈이나 사명, 목적이 부족해서이다.

지금도 회계사, 변호사, 사업가 등 하고 싶은 건 많다고 한다. 만약 이 학생에게 삶의 목적이나 미래에 대한 목표가 뚜렷하다면 스토리는 자연스레 쌓이고 누구보다 돋보이는 지원자가 될 것이다.

2013년 7월 23일, 어느 대학교에서 면접 특강을 했다. 직접 예비 면접도 진행했다. 예비 면접 중 일부 학생들의 답변을 듣고 안타깝다는 생각이 들었다. 많은 학생이 학비나 생활비를 벌기 위해 아르바이트로 은행 로비 매니저, KFC나 맥도날드에서 계산, 서비스 제공, 편의점 근무 등의 일을 했다. 또 사회봉사 활동 등 다양한 프로그램에 참석하기도 했다.

그러나 대부분의 활동이 경제적 문제 때문이거나 스펙 쌓기를 위한 활동으로 수행했다는 인상을 받았다. 사명감을 가지고 경제교실을 운영한 학생도 있었는데, 문제는 겨우 1개월만 운영하다 중단했다는 것이다.

개인의 목적과 삶의 가치가 뚜렷했다면 이런 하나하나의 행동에 의미가 있고 활동이 또한 지속되었을 것이다. 이것이 바로 스토리이고 역량이다.

원하는 일을 흥미 있는 곳에서

세계적으로 성공한 사람들의 이야기를 듣고 정리해 보니 다음과 같았다.

첫째, 목표나 꿈이 명확했다.
둘째, 이를 실행에 옮기는 행동 지향성이 강했다.
셋째, 문제의식을 가지고 개선했다.
넷째, 한 분야를 꾸준히 했다.
다섯째, 독특한 사고와 발상을 하였다.

정주영
빌게이츠
세종대왕
에디슨
라이트형제

이들은 공통적으로 모두 자기가 하는 일에 흥미를 가지고 즐겼다. 재미가 있으니 몰입하고 남들보다 더 많은 시간을 투자해도 지치지 않으니 하루 14시간, 15시간 이상을 투자한다. 주말에도 쉬지 않는다. 몰입하니 남들보다 좋은 성과가 난다.

결국은 자기가 즐길 수 있는 일을 찾아야 한다. 어떤 사람은 조용히 생각하는 것을 좋아하고, 또 어떤 사람은 사람을 만나고 이야기하면서 에너지를 충전한다. 또는 남들이 가지 않은 오지를 탐험하고 개척하는 것에 의미를 두기도 한다.

여러분에게 가장 적합한 직무, 즐길 수 있는 직무를 찾아야 한다. 이를 중심으로 직접, 간접 경험을 쌓아야 한다. 인턴, 아르바이트, 실습, 봉사, 동아리, 경진대회나 공모전 참여, 시장조사팀 구성, 활동팀 구성, 과외 등 뭐든 경험해야 한다.

문제는 활동보다 안정지향적 성향의 소지자, 움직이기도 싫은 사람이다. 이들은 관계형성을 어려워한다. 토론을 힘들어한다.

이런 성향을 가진 사람의 경우 책을 읽고 혼자서 정리하는 일을 잘하면 된다. 번역이나 프리랜서, 디자이너 등이 적합하다. 그 방향으로 스토리를 만들어야 한다. 혼자서 상상하고 쓰고 로고도 만들어 본다. 그리고 만들고서 제안해 보는 것이다. 공모에 제안하고 떨어지기도 하고…. 이게 스토리다.

2. 역량 면접

일부 대기업, 2000년 초부터 역량 면접 도입

이미 수년 전부터 면접제도의 변화는 시작되었다. 우리나라 대기업을 중심으로 보면, 1990년대 후반 또는 2000년대 초부터 과거의 면접방식을 버리고 역량 면접 또는 역량구조화 면접으로 변경을 시작하였다.

구분	과거의 면접	역량 면접 또는 역량구조화 면접
면접방식	Free/면접관 자유	체계화된 면접절차
면접질문	Free/면접관 자유	구체적으로 확정되어 있음
면접결과 평가	종합평가	각 항목, 평가기준 구체화
평가항목	제한 없음	공통역량 및 직무역량
면접관 수	1명(1:1 면접)	다수(1:多 Panel 면접)

이는 과거 면접의 경우, 면접관의 주관적 가치나 기호에 따라 입사자가 선발되는 문제가 발생했기 때문이다. 보다 객관적인 면접의 필요성, 즉 어떤 면접관이 면접을 진행하더라도 능력 있는 인재가 선발될 수 있는 객관적인 면접 시스템이 필요했다.

객관적인 면접을 위해서는 면접에서 던지는 질문도 사전에 미리 구체화하고, 가능하면 모든 지원자에게 동일하거나 유사한 질문을 하여야 한다. 또 지원자의 응답을 체크하고 평가할 수 있는 면접결과 평가표도 통일되어야 한다.

즉 과거의 덜 구조화된 면접을 체계화하고 구조화시키는 것이다.

그러면 어떤 질문을 해야 할까? 바로 선발하고자 하는 포지션 또는 직무에서 요구하는 역량을 확인하기 위한 질문을 해야 한다. 이러한 방식의 면접을 역량 면접 또는 역량구조화 면접이라고 한다.

역량이란

역량은 조직 내 우수성과자가 나타내는 행동 특성을 말한다.

그러나 행동 자체는 여러 가지 개인 심리적 특성이나 지식, 동기, 가치관 등에 의해서 나타나는 것이다. 쉽게 말해 성격이 다소 내성적인 사람은 대인관계도 소극적일 것으로 예상한다. 그러나 그 사람이 남보다 뛰어

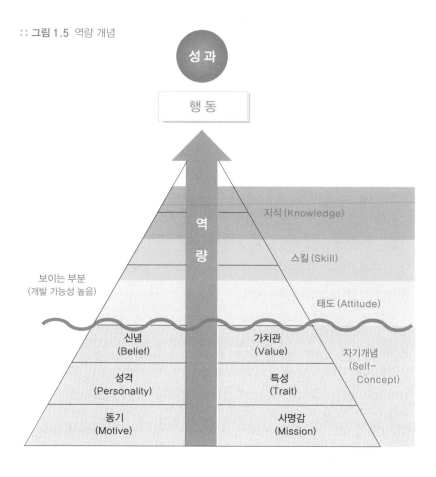

:: **그림 1.5** 역량 개념

성과

행동

역량

지식 (Knowledge)

스킬 (Skill)

보이는 부분
(개발 가능성 높음)

태도 (Attitude)

신념
(Belief)

가치관
(Value)

자기개념
(Self-
Concept)

성격
(Personality)

특성
(Trait)

동기
(Motive)

사명감
(Mission)

난 지식을 가지고 있다면 모르는 사람에게 뭔가를 설명하거나 지식을 전달하기 위해 적극적인 행동을 할 수도 있다. 왜냐하면 그 사람은 다른 사람으로부터 존경을 받고 싶은 욕구나 동기가 높을 수 있기 때문이다.

즉 성격은 내성적이지만 지식을 보유하고 있고 존경에 대한 욕구가 있기 때문에 적극적 행동을 할 수 있는 것이다. 결국 한 사람의 행동은 성격만으로 결정되는 것이 아니라 성격, 지식, 동기/욕구수준 등이 결합하여 결정된다고 할 수 있다.

종합적으로 역량을 정의하면 '개인이 보유한 지식, 스킬, 능력, 태도,

성격, 가치관, 동기 등이 복합적으로 통합되어 나타나는 행동'을 말한다.

다시 말해 기업이 원하는 인재를 선발하기 위해서는 단순히 성격을 가지고 판단해선 안 되며 그 사람의 지식이나 스킬만 보고 선발해서도 안 된다. 이것이 개인의 종합적 행동 특성을 나타내는 역량으로 선발을 진행해야 하는 이유이다.

또한 역량은 행동이기 때문에 관찰이 가능하며 측정도 가능하다. 개인의 성격, 동기, 가치관, 태도의 경우 측정이 어렵다. 지식이나 스킬은 다소 측정이 가능하지만, 지식이 뛰어나다고 해서 일을 잘하진 않는다. (그렇기 때문에 시험이 점차 없어지는 추세이다.)

역량중심 선발은 이미 2000년 초반부터 대기업을 중심으로 실시되고 있다. 역량을 평가하기 위해서 기업은 1:1 역량 면접, 1:多 패널 면접, 토의 면접, 프레젠테이션 면접, 롤 플레이 면접 등의 다양한 방법을 활용하고 있다.

3. NCS 기반 채용

NCS 기반 채용

2015년에 들어서며 채용시장의 화두로 떠오른 것은 'NCS 기반 채용'이다. 정부는 2014년까지 NCS 개발을 완료하고, 2015년 이후 NCS를 기반으로 한 교육훈련 등 자격제도의 개편을 계획하고 있다. 이는 정부 국정 과제 중의 하나인 '학벌이 아닌 능력중심 사회 만들기'의 일환이다.

구체적으로는 고용노동부가 주관하여 2014년까지 NCS 개발을 완료하였다.

NCS는 직무분석이라고 생각하면 된다. 정부 주관으로 전 산업에 걸쳐 통용될 수 있는 직무를 분류하고 세분류 857개를 대상으로 직무분석을 실시하였다. 예를 들면, 인사 직무, PR/광고 직무, 마케팅전략기획 직무 등이다. 이들 875개 직무는 각각 해당 직무를 구성하는 과업(NCS에서 '능력단위')과 요소(NCS에서 '능력단위요소')로 재정리하고, 요소(능력단위요소)별로 수행준거, 지식·기술·태도를 정립하였다.

이러한 NCS를 중심으로 능력단위를 기준으로 학습모듈을 개발하고 평가를 실시하여 채용을 진행하겠다는 것이 정부의 목적이다. 이에 따라 실업계 고등학교나 전문대학에서는 교과과정을 개편하고, 공기업은 채용 프로세스를 바꾸어 스펙이 아닌 기업 또는 직무현장에서 요구하는 역량(직무능력)중심의 사회를 만들겠다는 것이다.

130개 공공기관, 올해 3천 명 NCS 채용
정부·공공기관 '직무수행능력중심 채용 MOU' 체결

2015년, 130개의 공공기관이 NCS를 기반으로 3,000여 명을 채용할 계획이라고 한다. 전체 공공기관에서 2015년 신규 채용 예정인 1만 7000명 가운데 17.6%를 NCS 기반으로 채용하겠다는 것이다.

정부와 130개 공공기관은 공공기관에서 인력을 채용할 경우 NCS 기반의 평가 도구를 활용해 선발하는 것을 주요 내용으로 하는 '직무수행능력중심 채용 MOU'를 체결했다. 협약에 참가한 130개 공공기관은 올해 안에 취업지원자의 직무수행능력을 평가할 수 있는 NCS 기반 능력중심 채용모델을 도입하고, 직무능력중심의 채용을 진행하기로 했다.

유형별 NCS 기반 채용 개념도

직무중심 채용은 ▲ 채용기준(NCS 기반 직무기술서) 사전공개, ▲ 직무능력 기반 지원서 중심의 서류전형, ▲ 채용기준에 따른 필기와 면접 방

:: **그림 1.6** 유형별 NCS 기반 채용 개념도

〈출처:기획재정부〉

식 직무수행능력평가 등 세 단계에 걸쳐 진행된다.

이미 직무능력중심 채용모델을 도입한 산업인력공단 등 30개 공공기관은 올해부터 직무능력중심의 채용 공고문과 서류·면접 등을 통해 NCS 기반 채용을 실시할 계획이다.

올해 새롭게 선정된 한국전력, 한국도로공사 등 100개의 공공기관은 올 하반기 중으로 직무능력 중심의 서류·면접 전형을 진행한다. 다만 전공필기시험의 경우에는 취업준비생의 준비기간을 고려해 기관별 개편내용을 미리 공고한 후 1년간의 유예기간을 둘 예정이다.

취업준비생은 NCS 포털사이트(www.ncs.go.kr)를 통해 취업준비 매뉴얼, 면접 및 문제 샘플 등의 자료를 확인할 수 있다.

정부는 "NCS 포털사이트에 Q&A 코너를 마련해 취업준비생이 맞춤형 상담을 받을 수 있도록 지원하고, 공공기관도 홈페이지를 통해 사전에 채용을 알릴 계획"이라고 밝혔다.

NCS는 산업현장에서 직무를 수행하기 위해 요구되는 지식·기술·소양 등의 내용을 국가가 산업부문별·수준별로 체계화한 것이다.

주요 공공기관 NCS 채용계획(안)

:: 표 1.2 2015년 NCS 채용인원 계획 〈단위:명〉

기관명	NCS 채용인원				
	계	1/4	2/4	3/4	4/4
한국전력공사	304	–	–	254	50
한국수력원자력	280	–	–	–	280
국민건강보험공단	237	–	–	–	237
한국농어촌공사	150	–	–	150	–
한국도로공사	147	147	–	–	–
한국전기안전공사	133	133	–	–	–
근로복지공단	132	–	132	–	–
한국가스공사	107	–	–	106	1
한국산업인력공단	101	101	–	–	–
한국남동발전	100	76	24	–	–
신용보증기금	100	–	–	–	100
한국석유공사	100	–	–	–	100
한국산업안전보건공단	96	96	–	–	–
건강보험심사평가원	90	90	–	–	–
한국남부발전	88	64	20	4	–
한국서부발전	87	87	–	–	–
한국전력기술(주)	70	–	–	70	–
대한지적공사	70	–	70	–	–
한전원자력연료(주)	53	1	52	–	–
한국시설안전공단	47	–	31	16	–
한전KDN	40	–	–	–	40
교통안전공단	38	–	–	38	–
인천국제공항공사	37	–	–	–	37
한국인터넷진흥원	30	–	20	–	10
코레일관광개발	25	–	–	25	–

〈출처:기획재정부〉

NCS 구성체계 및 구성내용

1. NCS란

NCS란 국가직무능력표준(National Competency Standard)의 줄임말이다. 즉 정부가 산업현장에서 직무를 수행하기 위해 요구되는 지식, 기술, 태도 등의 내용을 정리하여 체계화한 것이다. 정부는 기업이 NCS를 활용하여 해당 직무에서 요구하는 직무수행능력을 선정하고, 이를 기준으로 선발과 평가, 교육훈련 등을 실시하게 함으로써 산업의 효율화를 달성하고자 한다.

쉽게 말해서 정부가 직무를 분류하고 직무분석을 실시하여 이를 기업이 활용하게 하는 것이라고 생각하면 된다.

정부는 모든 산업을 포괄하여 직무를 분류하였다. 아래 〈표 2.1〉과 같이 대분류(24개), 중분류(77개), 소분류(227개), 그리고 세분류(857개)로 분류하였다. 즉 우리나라의 전 산업을 망라하여 직무를 857개로 분류하였다고 보면 된다.

:: 표 2.1 NCS 직무분류

대분류	중분류	소분류	세분류
02. 경영 · 회계 · 사무	1. 총무 · 인사	3. 인사 · 조직	01. 인사 02. 노무관리

NCS의 직무분류 기준과 기존의 기업별 직무분류 · 직무분석을 비교하면 〈표 2.2〉와 같다.

구분	대분류	중분류	소분류	세분류	능력단위	능력단위 요소
NCS 직무 분류 (예)	24개	77개	227개	857개	세분류 기준 10~20개	능력 단위 기준 3~7개
	경영 회계 사무	총무 인사	인사 조직	인사	채용하기	모집활동
기존 직무 분류	직군	직렬		직무	과업	요소
	Job Family	Job Series		Job	Task	Element

- NCS는 모든 산업과 업종을 포괄하기 때문에 한 기업의 기준보다 직무 수가 많다.
- 통상 한 기업(대형 제조업) 기준으로 할 경우 직군은 6~7개, 직렬은 15~20여 개, 직무는 100~150개 정도로 분류된다.
- 기업에서 직무를 분류할 때는 기능분류 이외에 계층단위로도 분류하기 때문에 실제 직무 개수는 대기업의 경우 300~400개 정도로 분류된다. (예 : 인사직무를 인사 Manager, 인사 Senior, 인사 Junior로 구분함)

:: 표 2.3 NCS 분류체계 (단위:개)

대분류	중분류	소분류	세분류
01. 사업관리	1	1	3
02. 경영 · 회계 · 사무	4	11	25
03. 금융 · 보험	2	9	35
04. 교육 · 자연 · 사회과학	3	5	13
05. 법률 · 경찰 · 소방 · 교도 · 국방	2	4	15
06. 보건 · 의료	2	7	33
07. 사회복지 · 종교	1	5	13
08. 문화 · 예술 · 디자인 · 방송	3	9	62
09. 운전 · 운송	4	7	26

(계속)

10. 영업판매	3	7	17
11. 경비 · 청소	2	3	6
12. 이용 · 숙박 · 여행 · 오락 · 스포츠	4	12	42
13. 음식서비스	1	2	8
14. 건설	8	24	102
15. 기계	9	27	113
16. 재료	2	7	34
17. 화학	4	10	31
18. 섬유 · 의복	2	7	22
19. 전기 · 전자	3	22	67
20. 정보통신	3	11	57
21. 식품가공	2	4	20
22. 인쇄 · 목재 · 가구 · 공예	2	4	23
23. 환경 · 에너지 · 안전	6	17	48
24. 농림어업	4	12	42
계	77	227	857

2. NCS 직무의 구성체계

NCS 직무분류체계에 따르면 세분류 기준이 개별직무에 해당한다. 개별 직무는 능력단위로 구성되며, 다시 능력단위는 능력단위요소로 구성된다. 예를 들어, '인사'라는 세분류 기준 직무는 '인사기획', '직무관리', '인력채용', '이동관리', '평가' 등의 능력단위로 구성된다. '인력채용'이라는 능력단위는 '채용계획수립', '채용예정자 모집', '채용예정자 선발' 등 능력단위요소로 구성된다.

NCS 직무표준(개별직무)은 능력단위, 능력단위요소로 구성되며 〈그림 2.1〉과 같다.

- 직무는 국가직무능력 표준 분류체계의 세분류를 의미하고, 원칙상 세분류 단위에서 표준이 개발됨
- 능력단위는 국가직무능력표준 분류체계상 세분류의 하위 단위로서 국가직무능력표준의 기본 구성요소에 해당함

3. NCS의 구성내용(개별직무 기준)

857개로 분류된 개별 직무단위로 작성된 NCS 구성내용은 아래 〈표 2.4〉와 같이 '직무 개요', '능력단위별 세부내용', '관련자격', 그리고 '활용패키지'로 구성되어 있다.

1. 직무 개요
1) 직무 정의
2) 능력단위
3) 능력단위별 능력단위요소
2. 능력단위별 세부내용
3. 관련자격 개선의견
4. 활용패키지

가. 직무 개요

'직무 개요'는 직무정의, 능력단위, 능력단위별 능력단위요소로 구성되어 있다.

:: 표 2.5 능력단위, 능력단위요소의 예

분류번호	능력단위(수준)	능력단위요소	수준
02130101_13v1	인사기획(6)	1. 인사전략 수립하기	6
		2. 인력운영계획 수립하기	4
		3. 인건비 운영계획 수립하기	3
02130102_13v1	직무관리(3)	1. 직무분석하기	4
		2. 직무평가하기	5
		3. 직무분류 유지보수하기	3
02130103_13v1	인력채용(4)	1. 채용계획 수립하기	4
		2. 채용예정자 모집하기	2
		3. 채용예정자 선발하기	3
		4. 채용 사후관리하기	2
02130104_13v1	인력이동관리(4)	1. 인력운영계획 수립하기	4
		2. 소요인원 파악하기	3
		3. 인력 운영하기	4
02130105_13v1	인사평가(4)	1. 평가계획 수립하기	4

02130105_13v1	인사평가(4)	2. 목표설정하기	4
		3. 평가 교육하기	4
		4. 인사평가 시행하기	4

<출처:www.ncs.go.kr>

나. 능력단위별 세부내용

'능력단위별 세부내용'은 능력단위별 수행준거와 지식, 기술, 태도로 구성되어 있다. 예를 들어, 인사 직무, 인력채용 능력단위인 경우, 능력단위별로 수행준거와 지식, 기술, 태도가 아래 〈표 2.6〉과 같이 정리되어 있다.

:: 표 2.6 능력단위별 세부내용 예시

분류번호 : 02130103_13v1

능력단위 명칭 : 인력채용

능력단위 정의 : 인력채용이란 조직에 적합한 인재를 확보하기 위하여 계획수립, 모집, 선발, 채용 후 사후관리를 수행하는 능력이다.

능력단위요소	수행준거
02130101_13v1.1 채용계획 수립하기	1.1 조직의 중장기 사업전략과 연간 사업계획에 따라 당해 연도 인력소요계획을 파악할 수 있다. 1.2 조직구성원의 퇴직, 이동, 승진을 고려하여 조직 내부에서 충원 가능한 인력을 분석할 수 있다. 1.3 파악된 수요인력과 공급인력을 분석하여 채용규모를 계획할 수 있다. 1.4 필요 분야, 채용규모, 충원시기를 고려하여 채용계획을 수립할 수 있다.
	지식 – 조직 비전체계 수립방법 – 중장기 사업전략 수립방법 – 채용기법 – 면접기법 – 인·적성 검사기법 – 노동법 **기술** – 문서작성기술

(계속)

02130101_13v1.1 채용계획 수립하기	– 스프레드 시트 활용능력 – 인력운영계획수립능력 **태도** – 개방적 의사소통 – 전략적 사고

〈출처:www.ncs.go.kr〉

다. 관련자격

'관련자격'에는 해당 직무수행에 필요한 자격증 등이 제시되어 있다.

:: 표 2.7 능력단위별 관련자격 예시

능력단위	국가직무능력 표준 수준	관련 자격	개선의견
인사기획	6	경영 지도사 (인적자원관리)	1. 경영지도사 (인적자원관리) 외에는 공신력 있는 국가자 격이 없는 상황임 그러나 인사 직무는 다수의 직무를 수행하고 전문화된 영역이 존재하는 종합부서 로서 세분화되고 있어 단계 적 취득이 가능한 직무수행 영역을 자격화하여 관리할 필요가 있음 2. 자격 구조(예 : 인사실무 운 영자–인사기획 전문가–인 사전략 전문가 등)는 세분 화되고 직급에 맞는 단계 의 전문자격 구조로 개편되 어야 함
직무관리	5		
인력채용	4		
인력인동관리	4		
인사평가	4		
핵심인재관리	5		
교육훈련	4		
임금관리	4		
급여지급	2		
복리후생	3		
조직문화관리	4		
퇴직관리	3		
인사 아웃소싱	4		

〈출처:www.ncs.go.kr〉

라. 활용패키지

'활용패키지'는 NCS를 활용하여 제반 인사제도를 설계·운영하도록 하는 목적으로 경력개발경로 제시, 역할 및 책임과 직무수행 요건, 평가 및 승진 등 체크리스크, 교육훈련기준 등으로 구성되어 있다.

:: 그림 2.2 경력개발 경로 제시

〈출처:www.ncs.go.kr〉

■ 경력개발경로

경력개발경로는 조직 내 직급체계에 따른 적합한 능력단위를 연계시킨 도표로, 사원 때 적합한 능력단위, 주임, 대리 등으로 승진하였을 때 적합한 수준의 능력단위 업무 등을 제시하고 있다. 이는 직원들의 경력개발에 효과적으로 활용할 수 있다.

■ 역할 및 책임과 직무수행요건

역할 및 책임은 능력단위요소별로 직무담당자가 수행해야 할 의무나 책임 등을 제시하고 있다. 또 직무수행요건을 제시함으로써 해당 업무를 수행할 수 있는 업무담당자를 선발하는 기준으로 활용 가능하다.

:: 표 2.8 역할 및 책임과 직무수행요건

[직무 기본 정보]

직무	인사	능력단위 분류번호	0202020109_13v1
		능력단위	급여지급
직무목적	조직구성원의 정해진 기본급과 휴가와 근태 실적을 반영하여 확정된 조직구성원의 임금을 정해진 날에 집행하고 연말 소득에 따라 납부한 세금을 소득세법에 따라 재계산하여 연간 세금 정산을 수행할 수 있다.		
개발날짜	2013.11.30.	개발기관	한국HRM협회

[직무 책임 및 역할]

주요업무	직무책임 및 역할
급여대장 등록하기	• 채용, 이동, 승진, 퇴직 등 인사발령에 따라 급여원장을 갱신한다. • 급여계산을 위하여 급여 기초사항을 등록한다. • 급여계산을 위하여 급여대장 외에 해당 월 조직구성원의 소득 및 공제에 영향을 줄 수 있는 항목을 등록한다.
근태관리 하기	• 각 부서에서 신청된 휴가와 근태자료를 집계 한다. • 집계된 자료에서 임금지급 시 포함시켜야 할 금액을 산출한다. • 산출된 금액을 급여규정 또는 관련 법규의 부합여부를 확인한 후 급여기초자료에 입력한다.

급여 계산하기	• 급여작업 수행절차에 따라 단계별로 급여작업을 수행한다. • 급여작업 검증을 위하여 급여작업 결과와 이전 급여집행 내역을 비교한다. • 전결 규정에 따라 결재를 진행하기 위하여 급여에 대한 결재 자료를 작성한다. • 결재 완료된 개인별 급여지급정보를 조직구성원에게 안내한다. • 대량이체 또는 개별이체를 통하여 조직구성원 개인의 급여계좌에 해당 급여를 송금한다.
연말정산 실시하기	• 당해 연도 변경된 소득세법에 따라 연말정산 정보를 사전에 갱신한다. • 공지된 연말정산 일정에 따라 기한 내에 관련서류를 수집한다. • 잠정적인 연말정산 결과를 산출하기 위하여 조직구성원별 제출서류를 시스템에 등록한다. • 정확한 연말정산을 위하여 조직구성원에게 이의신청을 접수한다. • 이의신청을 반영하여 확정된 연말정산 결과를 조직구성원에게 통지한다.

[직무수행요건]

구분	상세내용	
학습경험	• 고등학교 졸업	(전공 : 상경계열, 인문사회계열, 법정계열)
	• 기능사 과정	(분야 : 총무 · 인사)
자격증	• 경영지도사(인적자원관리) • PHR(Professional in Human Resources) • SPHR(Senior Professional in Human Resources) • GPHR(Global Professional in Human Resources)	
지식 · 기술	• 개인정보 보호법 • 근로 기준법 • 단체 협약 • 사내급여 및 복무규정 • 사회보험 관련법 • 소득세법 • 연말정산 지식 • 의사소통능력 • 임금관리 • 전사적자원관리 시스템 활용 • 전자인사관리 시스템(e-HR) • 취업규칙 • 컴퓨터활용능력 • 한자능력	
사전직무경험	• 사무행정	
직무숙련기간	• 약 1년	

〈출처:www.ncs.go.kr〉

■ 체크리스트

평가 및 승진 체크리스트는 평가나 승진 기준으로 활용 가능하도록 설계되었다.

:: 표 2.9 평가 및 승진 체크리스트

[직업기초능력]

평가영역	평가문항	매우 미흡	미흡	보통	우수	매우 우수
의사소통 능력	업무를 수행함에 있어 다른 사람이 작성한 글을 읽고 그 내용을 이해할 수 있다.	①	②	③	④	⑤
	업무를 수행함에 있어 자기가 뜻한 바를 글로 나타낼 수 있다.	①	②	③	④	⑤
	업무를 수행함에 있어 다른 사람의 말을 듣고 그 내용을 이해할 수 있다.	①	②	③	④	⑤
	업무를 수행함에 있어 자기가 뜻한 바를 말로 나타낼 수 있다.	①	②	③	④	⑤
	업무를 수행함에 있어 외국어로 의사 소통할 수 있다.	①	②	③	④	⑤
수리능력	업무를 수행함에 있어 기초적인 사칙 연산과 계산을 할 수 있다.	①	②	③	④	⑤
	업무를 수행함에 있어 필요한 기초 수준의 백분율, 평균, 확률과 같은 통계능력을 가지고 있다.	①	②	③	④	⑤
	업무를 수행함에 있어 도표가 갖는 의미를 해석할 수 있다.	①	②	③	④	⑤
	업무를 수행함에 있어 필요한 도표를 작성할 수 있다.	①	②	③	④	⑤
문제해결 능력	업무와 관련된 문제를 인식하고 해결함에 있어 창조적, 논리적, 비판적으로 생각할 수 있다.	①	②	③	④	⑤
	업무와 관련된 문제의 특성을 파악하고, 대안을 제시·적용하고 그 결과를 평가하여 피드백할 수 있다.	①	②	③	④	⑤

대인관계 능력	다양한 배경을 가진 사람들과 함께 업무를 수행할 수 있다.	①	②	③	④	⑤
	업무를 수행함에 있어 다른 사람을 이끌 수 있다.	①	②	③	④	⑤
	업무를 수행함에 있어 관련된 사람들 사이에 갈등이 발생하였을 경우 이를 원만히 조절할 수 있다.	①	②	③	④	⑤
	업무를 수행함에 있어 다른 사람과 협상할 수 있다.	①	②	③	④	⑤
	고객의 요구를 만족시키는 자세로 업무를 수행할 수 있다.	①	②	③	④	⑤
정보능력	업무와 관련된 정보를 수집, 분석, 조직, 관리, 활용하는 데 있어 컴퓨터를 사용할 수 있다.	①	②	③	④	⑤
	업무와 관련된 정보를 수집하고, 이를 분석하여 의미 있는 정보를 찾아내며, 의미 있는 정보를 업무수행에 적절하도록 조직하고, 조직된 정보를 관리하며, 업무수행에 이러한 정보를 활용할 수 있다.	①	②	③	④	⑤
조직이해 능력	주어진 업무에 관한 국제적인 추세를 이해할 수 있다.	①	②	③	④	⑤
	업무수행과 관련하여 조직의 체제를 올바르게 이해할 수 있다.	①	②	③	④	⑤
	사업이나 조직의 경영에 대해 이해할 수 있다.	①	②	③	④	⑤
	조직의 업무를 이해할 수 있다.	①	②	③	④	⑤

[직무수행능력]

평가영역		평가문항	매우 미흡	미흡	보통	우수	매우 우수
급여 지급	급여 대장 등록 하기	채용, 이동, 승진, 퇴직 등 인사발령에 따라 급여원장을 갱신할 수 있다.	①	②	③	④	⑤
		급여계산을 위하여 급여 기초사항을 등록할 수 있다.	①	②	③	④	⑤
		급여계산을 위하여 급여대장 외에 해당 월 조직구성원의 소득 및 공제에 영향을 줄 수 있는 항목을 등록할 수 있다.	①	②	③	④	⑤

(계속)

급여 지급	근태 관리 하기	각 부서에서 신청된 휴가와 근태자료를 집계 할 수 있다.	①	②	③	④	⑤
		집계된 자료에서 임금지급 시 포함시켜야 할 금액을 산출할 수 있다.	①	②	③	④	⑤
		산출된 금액을 급여규정 또는 관련 법규의 부합여부를 확인한 후 급여 기초자료에 입력할 수 있다.	①	②	③	④	⑤
	급여 계산 하기	급여작업 수행절차에 따라 단계별로 급여작업을 수행할 수 있다.	①	②	③	④	⑤
		급여작업 검증을 위하여 급여작업 결과와 이전 급여집행 내역을 비교할 수 있다.	①	②	③	④	⑤
		전결 규정에 따라 결재를 진행하기 위하여 급여에 대한 결재 자료를 작성할 수 있다.	①	②	③	④	⑤
		결재 완료된 개인별 급여지급정보를 조직구성원에게 안내할 수 있다.	①	②	③	④	⑤
		대량이체 또는 개별이체를 통하여 조직구성원 개인의 급여계좌에 해당 급여를 송금할 수 있다.	①	②	③	④	⑤
	연말 정산 실시 하기	당해 연도 변경된 소득세법에 따라 연말정산 정보를 사전에 갱신할 수 있다.	①	②	③	④	⑤
		공지된 연말정산 일정에 따라 기한 내에 관련서류를 수집할 수 있다.	①	②	③	④	⑤
		잠정적인 연말정산 결과를 산출하기 위하여 조직구성원별 제출서류를 시스템에 등록할 수 있다.	①	②	③	④	⑤
		정확한 연말정산을 위하여 조직구성원에게 이의신청을 접수할 수 있다.	①	②	③	④	⑤
		이의신청을 반영하여 확정된 연말정산 결과를 조직구성원에게 통지할 수 있다.	①	②	③	④	⑤

〈출처 : www.ncs.go.kr〉

■ **교육훈련기준**

교육훈련기준은 해당 업무담당자를 교육하여 업무효율을 향상시키기 위하여 유용한 자료이다. 각 능력단위별 최소훈련시간과 권장훈련방법도 제시하고 있다.

또한 능력단위요소별로 훈련내용(수행준거)을 제시하고 있어 교육의 내용이나 과정을 설계하는 데 도움이 된다.

:: 표 2.10 교육훈련내용 및 교육시간

과정/과목명 : 0202020103_13v1 인력채용

[훈련 개요]

훈련목표	조직에 적합한 인재를 확보하기 위하여 계획수립, 모집, 선발, 채용 후 사후관리를 수행하는 능력을 함양
수준	4수준
최소훈련시간	30시간
훈련가능시설	강의실
권장훈련방법	집체훈련 또는 현장실습

(계속)

[편성내용]

단원명 (능력단위 요소명)	훈련내용 (수행준거)	훈련 시 고려사항
채용계획 수립하기	1.1 조직의 중장기 사업전략과 연간 사업계획에 따라 당해 연도 인력소요계획을 파악할 수 있다. 1.2 조직구성원의 퇴직, 이동, 승진을 고려하여 조직내부에서 충원 가능한 인력을 분석할 수 있다. 1.3 파악된 수요인력과 공급인력을 분석하여 채용규모를 계획할 수 있다. 1.4 필요 분야, 채용규모, 충원시기를 고려하여 채용계획을 수립할 수 있다.	• 채용계획 수립 시 채용예상 인원에 부합한 서류합격 인원, 면접 인원, 신체검사 인원을 산정할 수 있는 능력 • 채용 시 필요한 사전 점검사항을 체크할 수 있는 능력 • 면접계획 수립 시 면접종류별 준비물을 숙지하고 필요한 준비물을 준비할 수 있는 능력 • 채용홍보를 위한 매체 종류의 이해와 활용 능력 • 채용박람회 및 채용설명회 진행할 수 있는 능력 • 채용 프로세스를 이해하고 각 프로세스에 따라 진행할 수 있는 능력
채용 예정자 모집하기	2.1 필요인력 확보를 위하여 노동시장 환경을 분석할 수 있다. 2.2 수립된 채용계획에 따라 효율적인 모집방법을 계획할 수 있다. 2.3 필요한 인력을 확보하기 위하여 지원자에게 채용정보를 설명할 수 있다.	
채용 예정자 선발하기	3.1 지원자의 입사지원서를 바탕으로 모집직무별 서류전형을 실시할 수 있다. 3.2 서류전형 합격자를 대상으로 면접전형을 실시할 수 있다. 3.3 면접전형 결과를 바탕으로 합격자를 선발할 수 있다.	
채용 사후관리 하기	4.1 입사예정자를 대상으로 입사 전 사전교육을 실시할 수 있다. 4.2 입사예정자의 적성능력을 바탕으로 부서배치를 결정할 수 있다. 4.3 선발된 우수인력을 유지하기 위하여 입사예정자 및 예정자의 가족을 대상으로 조직문화를 전파할 수 있다.	

〈출처 : www.ncs.go.kr〉

NCS 채용절차 구축 및 이해

1. NCS 채용 유형

기본적으로 NCS 기반의 채용은 크게 세 가지로 구분된다.

첫째 유형은 직무나 직군 구분 없이 채용하는 유형(일반공채, 유형 1)이다. 채용 시 기준이 되는 선발평가능력은 '직업기초능력'이 된다. 즉 채용 시에는 직업기초능력을 기준으로 직군이나 직무 구분 없이 채용한다. 따라서 직업기초능력과 그 하위능력을 참고하여 선발평가의 기준을 설계할 수 있다.

:: **그림 3.1** NCS 기반의 채용 유형

* 채용 가이드북에는 NCS 채용 유형 2가 직무수행능력 중·소분류, NCS 채용 유형 3이 세·능력단위 NCS로 분류되나 현실성이 없어 NCS 채용 유형 2를 대분류, NCS채용 유형 3을 중·세분류로 구분함

〈출처:2015 NCS 기반 능력중심 채용 가이드북, 고용노동부 & 한국산업인력공단〉

둘째 유형은 직군별 채용으로 NCS에 따르면 대분류에 해당한다. 이는 채용 유형 2에 해당한다. 대분류 24개를 참고하면 된다. 따라서 채용 시에는 직업기초능력과 대분류 기준의 직무수행능력을 선발평가 기준으로

고려하면 된다. 다만 현재 NCS 체계를 기초로 하여 대분류의 직무수행능력을 도출하기는 어렵다. 대분류에는 수 개에서 수십 개의 세분류 직무가 있고, 세분류 직무의 능력단위별로 되어 있는 지식, 기술, 태도를 통합하기가 곤란하다. 또 공통된 것만 묶는 것도 곤란하다. 따라서 채용을 진행하는 개별 기업에서는 별도의 역량을 도출하는 프로세스를 도입할 수밖에 없다.

세 번째 유형은 직무별 채용이다. 직무별 채용이란 세분류 기준(857개 표준직무)으로 모집을 하는 것을 말한다.

위 세 가지 채용 유형 가운데 첫 번째를 제외한 두 번째 유형과 세 번째 유형에서는 직무수행능력을 구체화하는 것이 곤란하다.

NCS 기반으로 채용을 하기 위해서는 직무수행능력을 도출하여야 하나 도출하는 절차에 대해서는 NCS나 2015 NCS 기반 능력중심 채용 가이드북 모두 구체적인 제시가 없다. 또 1973년 매클랜드 교수나 1990년 보야르츠가 제시한 역량의 개념과도 다소 상충되는 점이 있다.

어쩔 수 없이 직군이나 직무별 직무수행능력을 확정하는 것은 개별 기업의 몫이 된다. 개별 기업은 내부에서 NCS를 참고하는 별도의 직무역량을 도출하는 추가적인 작업을 해야 한다. 또 기본적으로 역량이 해당 기업의 우수성과자의 행동이기에 사실 표준화하는 것도 바람직하지 않다.

이미 삼성, LG 등 국내 대기업은 1990년 후반 직무역량을 도출하여 다양한 역량 면접을 진행하고 있다.

2. NCS 채용 프로세스

NCS 기반의 채용 프로세스는 현재 주요 대기업에서 진행되고 있는 채용 프로세스와 유사하다. 다만 공공기관에서 진행되었던 필기시험이 대폭 변경될 전망이며, 직무수행능력 면접이 보완될 것이 분명해 보인다.

:: 그림 3.2 NCS 기반의 채용 프로세스

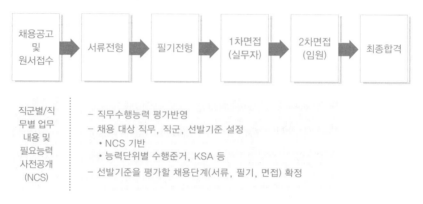

구체적으로 고용노동부와 산업인력공단에서 제시한 직업기초능력 기준의 채용 프로세스는 〈표 3.1〉과 같다.

가. 채용대상 직무의 직무수행능력 확인

채용대상 직무의 직무수행능력을 확인하기 위해서는 다음의 절차에 따르면 된다.

첫째, 해당 직무의 능력단위의 중요도가 Level 4 이상(NCS에서 능력단위별 업무수준을 구분하였음. Level 1~ Level 8까지 구분)인 능력단위를 선정한다.

둘째, 선정된 능력단위의 '수행준거'와 '지식', '기술', '태도', 그리고 직

표 3.1 직무기반 채용(NCS채용) 프로세스 식업기초능력은 열 가지 개념영역과 34개의 하위능력이 있으며, 이를 채용 프로세스에 적용시키면 아래와 같다.

채용공고 →	서류전형 →	NCS 직업기초능력평가 →	1차 면접 →	2차 면접 →	3차 면접 →	합격자 발표

채용공고

능력중심 채용공고

* 직군별 채용공고표준 내 직무별 능력 등을 표기하는 방식)

서류전형

NCS 입사지원서
기초외국어능력
컴퓨터활용능력
정보능력

NCS 경력기술서
경영이해능력

NCS 역량기반지원서
시간자원관리능력
물적자원관리능력
대인관계능력
리더십능력
고객서비스능력

NCS 직무기반지원서
경영이해능력

* 서류전형에서 평가기요소별 NCS 요소를 설정할 수 있도록 반영

NCS 직업기초능력평가

NCS 인성검사
국제감각능력
자아인식능력
자기개발능력
윤리능력
리더십능력
갈등관리능력
고객서비스능력
근로윤리
협상능력

NCS 기초직업능력검사
문서이해능력
사간자원관리능력
예산자원관리능력
물적자원관리능력
인적자원관리능력
사고력
문제처리능력
기초연산능력
기초통계능력
도표작성능력
도표분석능력

전공필기
기술이해능력
기술선택능력
기술적용능력

논술(WP)
문서작성능력
사간자원관리능력
예산자원관리능력
물적자원관리능력
인적자원관리능력
사고력
문제처리능력
도표

1차 면접

NCS AC검사

GD
경청능력
의사소통능력
외국어능력

PT
문서작성능력
외국어능력
사고력
도표작성능력

IB
문서이해능력
외국어능력
사간자원관리능력
예산자원관리능력
물적자원관리능력
인적자원관리능력
사고력

RP
외국어능력
갈등관리능력
협상능력

2차 면접

실무진면접
경청능력
의사소통능력
정보처리능력
조직체제이해능력
경영이해능력
업무이해능력
기술선택능력
기술적용능력

* 과제 무당형 여강면접
(상황판단 직군별 직무별)
* 현업부서에 의한 실기면접

외국어면접
의사소통능력
기초외국어능력

3차 면접

임원면접
경청능력
의사소통력
조직체제이해능력
경영이해능력

* 과제(은행권(금)) 임원면접
* NCS 직업기초능력 평가기과제
* 평가요소기준 NCS 공통+기업별

합격자 발표

* 최종합격자변영비율예
NCS 관련 평가기반영 등

* 고객사 인사담당자는 위 직업기초능력에 대한 채용 프로세스에 자사의 직무역량을 결합한 채용 프로세스를 설계해야 한다.

〈출처:2015 NCS 기반 능력중심 채용 가이드북, 고용노동부&한국산업인력공단〉

업기초능력을 정렬한다. 다만 채용 유형 2(직군별 채용)의 경우 능력단위별 '수행준거', '지식', '기술', '태도' 그리고 '직업기초능력'의 정렬에는 현실적으로 곤란한 점이 있다. 세분류인 개별 직무도 능력단위가 10개 정도이기 때문에 중분류나 소분류로 구분하면 능력단위가 너무 많아 정리가 곤란하다.

셋째, 능력단위별 지식, 지술, 태도, 직업기초능력을 정리하고 정리된 각 항목을 기준으로 적합한 선발전형 방법을 결정해야 한다. 다음 〈표 3.2〉는 능력단위별 선발기준(지식, 기술, 태도 등)과 각 선발기준별 선발전형 방법의 매트릭스이다.

:: 표 3.2 능력별 선발기법 선정을 위한 매트릭스

능력단위별 지식, 기술, 태도 (능력단위 내의 평가 시 고려사항 진술)		서류전형		필기전형	면접			
		입사지원서	직무능력소개서		경험면접	상황면접	기술면접	활동면접
능력단위 A	내·외부 환경분석기법	●	●					
	사업별 핵심성과 평가 기준 및 전략기술	●	●					
	경영조직 체계 및 평가 방법론	●						
	노사관계법	●						
	인사관련 규정 분석	●						
	일정관리 방법론		●					
	정보수집 및 분류체계 기법		●					
	업무처리 지침 개념		●					
	문서기안 절차 및 규정		●					
	전자정보관리 및 보안규정	●						
	회의 운영 방법		●					

능력 단위 B	사업기획 및 보고서 작성 기술							
	문제예측 및 대응방안능력			●	●			
	분석기법 및 통계 프로그램 운영기술							
	의사결정 능력				●	●		●
	경영공시 시스템 사용기술							
	공문서 작성능력							
	정보수집 기술능력							
	평가분석(SWOT) 활용 기술			●				
	데이터베이스 관리 능력						●	
	문서분류 및 관리 능력							
	사무기기 활용능력							
	회의내용 이해 및 처리능력							
능력 단위 C	객관적인 판단 및 논리적인 분석 태도			●				
	사업파악 및 개선 의지							
	투명하고 공정한 업무수행의 청렴성			●				
	문제해결에 적극적인 의지			●				
	창의적인 사고 노력							
	의사결정 판단 자세							
	주인의식 및 책임감 있는 태도			●	●			
	경영자원 절약 자세			●		●		
	수용적 의지 및 관찰태도			●		●		

(계속)

				●			●
능력 단위 C	다양한 정보수집을 하려는 태도			●			●
	합리적인 분류자세			●			
	고객지향 의지					●	
	업무규정 준수			●			
	업무협조 노력			●			

* 필기 및 기타 전형 방법은 더욱 세분화 가능
〈출처:2015 NCS 기반 능력중심 채용 가이드북, 고용노동부&한국산업인력공단〉

구체적으로 고용노동부와 산업인력공단에서 제시한 직업기초능력 기준의 선발방법 매트릭스는 〈표 3.4〉와 같다.

나. NCS 기반 지원서 작성

NCS 기반 지원서란 지원자가 필요한 능력을 보유하고 있다는 것을 보여줄 수 있는 구체적인 경험적 행동사례를 기술하도록 되어 있는 지원서를 말한다. 응답형식은 보통 400자 이내(한국전력의 경우)를 쓸 수 있도록 박스 형식으로 되어 있다.

다음 〈표 3.3〉은 문제해결능력의 지원서 작성의 예이다.

:: 표 3.3 문제해결 역량의 지원서 작성 예

Q. 어려운 상황을 경험한 예와 어떻게 그 상황을 극복했는지를 기술하여 주십시오.

표 3.4 직업기초능력과 채용 매트릭스(예) 직업기초능력은 열 가지 개발영역과 34개의 하위능력이 있으며, 이를 선발 매트릭스에 적용시키면 아래 표와 같다.

구분	개발영역	하위단위	서류전형 지원서	경력	역량	직무	인성검사	기초직업 능력검사	전공필기	논술 WP	AC과제 GD	PT	IB	RP	실무진면접	외국어면접	임원면접	비고
NCS 10대 직업기초능력	의사소통능력	문서이해능력						O										언어이해
		문서작성능력								O			O					
		경청능력													O		O	커뮤니케이션 능력
		언어구사력									O	O	O		O	O		커뮤니케이션 능력
		기초외국국어능력	O										O			O		자격증(TOEIC, TOPLE etc) 면접
	자원관리능력	시간자원관리능력		O				O		O			O					상황판단
		예산자원관리능력		O				O		O	O	O	O					상황판단
		물적자원관리능력		O				O		O	O	O	O					상황판단
		인적자원관리능력		O				O		O			O					상황판단
	문제해결능력	사고력						O		O		O	O					상황판단
		문제처리능력						O		O								
	정보능력	컴퓨터활용능력	O												O		O	자격증(정보처리기사 등) 면접
		정보처리능력	O												O		O	자격증(정보처리기사 등) 면접
	조직이해능력	국제감각능력					O											개방성
		조직체제이해능력					O	O							O			
		경영이해능력					O	O							O			영향력계산
		업무능이해능력					O	O		O					O			영향력계산 / 자료해석
	수리능력	기초연산능력																
		기초통계능력																
		도표분석능력																
		도표작성능력																
	자기개발능력	자아인식능력		O			O				O							인성검사(Bright+Dark Side)
		자기관리능력		O			O											
		경력개발능력			O		O											
	대인관계능력	팀웍능력			O		O											
		리더십능력			O		O											
		갈등관리능력			O		O											
		협상능력			O		O											
		고객서비스능력							O									
	기술능력	기술이해능력							O					O				
		기술선택능력							O					O				
		기술적용능력							O									
	직업윤리	근로윤리					O											조직적합도 진실성
		공동체윤리					O	O										상황판단

〈출처: 2015 NCS 기반 능력중심 채용 가이드북, 고용노동부&한국산업인력공단〉

NCS 기반의 지원서를 작성할 경우, 응답은 다음 사항이 고려되어야
한다.

첫째, 지원서에서 요구하는 핵심능력을 파악해야 한다. 핵심능력을 파
악하기 위해서는 모집하는 회사의 인재상, 핵심가치, 직업기초능력 등을
사전에 이해하는 것이 필요하다. 예를 들어, 한국전력의 2015년 상반기
채용공고의 지원서 작성내용을 보면 다음과 같다.

:: 표 3.5 한국전력의 직무능력 기반 지원서 양식(예시)

직무능력 기반 지원서 작성 양식

**(1) 본인이 지원한 분야의 필요지식을 습득하기 위해 받은 학교교육 또는 직업교육 내용을
기술하고 현업에서의 활용방안에 대한 생각을 기술하십시오.(800자 이내)**

1-1. 과정명 :

1-2. 과정내용 :

1-3. 활용방안 :

2-1. 과정명 :

2-2. 과정내용 :

2-3. 활용방안 :

(2) (1)의 필요지식 이외에 귀하가 한전에 입사하여 효과적인 업무수행을 하기 위해 필요하다고 생각되는 능력은 무엇입니까? 귀하는 최근 3년 이내에 해당 능력을 개발하기 위해서 어떤 노력을 하였습니까? 관련 능력을 발휘했던 경험이 있다면 기술하여 주십시오. (400자 이내)

(3) 귀하가 우리 사회 또는 한전에 대해 변화가 필요하다고 느끼는 사항은 무엇입니까? 문제에 대해 창의적인 방법을 통해 개선을 이루어낼 수 있는 아이디어가 있다면 구체적으로 기술하여 주십시오.(400자 이내)

(4) 귀하가 최근 3년 이내에 가장 도전적인 목표를 세우고 성취해낸 구체적인 경험이 있다면 구체적으로 그 과정과 결과에 대하여 기술하여 주십시오.(400자 이내)

(5) 귀하가 최근 3년 이내에 공동(조직) 또는 타인을 위하여 나에게 예상되는 손해(피해)를 감수하고 일을 수행한 경험이 있다면 구체적으로 그 과정과 결과에 대하여 기술하여 주십시오.(400자 이내)

〈출처:한국전력〉

:: **그림 3.3** 한국전력 인재상 예시

가치창조형 인재 (Value Creator)	현재 가치에 안주하지 않고 글로벌 마인드에 기반한 날카로운 통찰력과 혁신적인 아이디어로 새로운 미래가치를 충족해 내는 인재
도전적 인재 (Passionate Challenger)	뜨거운 열정과 창의적 사고를 바탕으로 실패와 좌절을 두려워하지 않고 지속으로 새로운 도전과 모험을 감행하는 역동적 인재
기업가형 인재 (Entrepreneur)	회사에 대한 무한 책임과 주인의식을 가지고 개인의 이익보다는 회사를 먼저 생각하는 인재

통섭형 인재 (Generalist)	융합적 사고를 바탕으로 Multi-specialist를 넘어 오케스트라 지휘 자와 같이 조직 역량의 시너지를 극대화하는 인재

〈출처 : 한국전력〉

한국전력 직무능력 기반 지원서에서 (1)은 지원분야과 관련된 교육경력을 기술하는 것이다. (2)~(5)는 직무수행능력의 보유 여부를 평가하기 위한 것이다. 요구사항을 잘 읽고 한국전력의 인재상이나 직업기초능력과 연관하여 어떤 내용을 기술하기를 원하는 것인지 파악하는 것이 중요하다. 예를 들어, (2)는 직업기초능력의 자기개발능력을 평가하기 위한 것이라고 판단할 수 있다. (3)은 한국전력의 인재상인 '가치창조형 인재'를 평가하고자 한다. (4)는 한국전력의 인재상인 '도전적 인재' 여부를 평가하는 것이 목적이다. 그리고 (5)는 한국전력의 인재상인 '기업가형 인재'인가를 평가하기 위한 것이다.

둘째, 작성을 요구하는 핵심능력이 파악되었다면 핵심능력의 행동기준이나 행동지표를 이해해야 한다. 행동기준은 인재상이나 핵심가치 또는 직업기초능력의 의미를 구체적으로 읽고 파악해야 한다. 〈표 3.6〉은 한국전력의 인재상에서 강조하는 행동기준이다.

:: 표 3.6 한국전력의 인재상 및 구체적 행동기준(예시)

가치창조형 인재	- 현재 안주보다 개선 - 새로운 아이디어 요청 - 글로벌 마인드/통찰력
도전적 인재	- 열정 - 실패에도 좌절하지 않고 도전 - 새로운 모험을 시도
기업가형 인재	- 개인이익보다 집단이나 사회 우선 - 소속조직을 위한 헌신 - 조직에 대한 책임의식
통섭형 인재	- 융합적 사고 - 화합과 소통 - 조정 · 통합으로 시너지 효과 창출

〈출처 : 한국전력〉

셋째, 작성을 요구하는 능력 및 행동기준과 관련된 과거의 경험을 찾아야 한다.

넷째, 과거의 경험을 기술해 보고, 내용에 행동기준이나 행동지표가 포함되어 있어야 한다.

NCS 기반 지원서는 각 항목별로 평가를 한다. 각 항목별로 기술한 내용을 참고하여 평가등급(A, B, C)을 결정하고, 최종적으로는 C가 하나도 없는 지원자를 합격시킨다. C가 하나 있는 지원자는 일단 유보한다. 그리고 2개 이상의 C를 받은 지원자는 탈락시킨다. 물론 지원서 평가는 각 기업이나 기관이 결정한다.

∷ 표 3.7 지원서 평가기준

평가등급	평가기준
A	– 강력한 증거 – 응답이 명료하며 질문을 정확하게 꿰뚫은 답변이다. – 응답이 행동지표의 대부분(2/3 이상)을 포함하고 있다.
B	– 수용할 만한 증거 – 답변을 통하여 역량을 보여주는 증거가 있다는 것을 알 수는 있지만 다소 모호하며 면접에서 추가적으로 더 알아보아야 한다. – 답변이 몇몇 지표들을 포함하고 있다.(약 반 정도)
C	– 빈약한 증거/증거 부족 – 답변이 질문과 관련이 없다. – 답변이 행동지표를 거의 포함하고 있지 않다.(1~2개)

〈출처 : 한국전력〉

다. 필기시험

NCS 기반의 필기시험은 아직 구체적으로 확정된 것은 없다. 다만 노동부 발간한 2015 NCS 기반 능력중심 채용 가이드북에 필기시험 문제 샘플이 제시되어 있다. 또 일부 공기업에서 2015년 상반기 채용을 하면서 NCS 기반의 필기시험을 출제하기도 하였다.

정부에서도 필기시험은 2016년부터 적용하는 것으로 발표하였다. 이는 아직도 NCS 기반 필기시험의 방향이 확정되지 않았기 때문이다. 그러나 현재 일부 공기업은 NCS 기반의 직업기초능력이나 직무수행능력을 평가하는 필기시험과 한국사능력검정시험을 활용하여 채용을 진행하였다.

선발전형의 원칙이나 방법이 확정되지는 않았지만 일반적으로 기존의 전공시험이나 영어시험, 그리고 상식시험의 비중이 낮아진 것이 특징이다. 또는 일부 공기업은 아예 전공시험이나 상식시험을 폐지하기도 하였다.

아마 하반기부터 NCS 기반의 직업기초능력이나 직무수행능력을 평가하는 필기시험의 비중이 점차 확대되고 전공시험이나 상식은 폐지될 가능성이 크다.

필자가 검토한 결과 필기시험은 직업기초능력에서 출제될 가능성이 거의 100%이다. 왜냐하면 필기시험에서 지원자의 경험이나 역량을 측정할 수 없기 때문이다. 필기시험은 단지 직업기초능력을 이해하고 인식하고 있는지 정도만을 평가할 수 있다. 단지 기존의 전공시험처럼 이론중심이지 않고 구체적으로 조직 내에서 일어나는 또는 일어날 수 있는 상황을 중심으로 문제가 출제될 것이다. 만약 조직경험이 있는 사람이면 쉽게 풀수 있을 것이다.

필기시험에 대비하기 위하여 NCS 사이트(www.ncs.go.kr)에 들어가면 10개 직업기초능력에 대하여 자세히 설명되어 있고 또 관련 문제도 출제되어 있다.

다음은 NCS 직업기초능력을 기초로 하여 출제된 필기시험의 예시이다.

Q. ○○유기농 식품매장에 근무하는 K 씨에게 계란 알레르기가 있는 고객이 제품에 대해 문의를 해왔다. K 씨가 제품에 부착된 다음 설명서를 참조하여 고객에게 반드시 안내해야 할 말로 가장 적절한 것은?

- 제품명 : 든든한 현미국수

- 식품의 유형 : 면-국수류, 스프-복합조미식품

- 내용량 : 95g(면85g, 스프10g)

- 원재료 및 함량 :

• 면-무농약 현미 98%(국내산), 정제염

• 스프-멸치 20%(국내산), 다시마 10%(국내산), 고춧가루, 정제소금, 마늘분말, 생강분말, 표고분말, 간장분말, 된장분말, 양파분말, 새우분말, 건미역, 건당근, 건파, 김, 대두유

- 보관장소 : 직사광선을 피하고 서늘한 곳에 보관

- 이 제품은 계란, 메밀, 땅콩, 밀가루, 돼지고기를 이용한 제품과 같은 제조시설에서 제조하였습니다.

- 본 제품은 공정거래위원회 고시 소비분쟁해결 기준에 의거 교환 또는 보상받을 수 있습니다.

- 부정불량식품신고는 국번 없이 1399

① 조리하실 때 계란만 넣지 않으시면 문제가 없을 것입니다.

② 제품을 조리하실 때 집에서 따로 육수를 우려서 사용하시는 것이 좋겠습니다.

③ 이 제품은 무농약 현미로 만들어졌기 때문에 알레르기 체질 개선에 효과가 있습니다.

④ 이 제품은 계란이 들어가는 식품을 제조하는 시설에서 생산되었다는 점을 참고하시기 바랍니다.

<출처:2015 NCS 기반 능력중심 채용 가이드북, 고용노동부&한국산업인력공단>

:: 표 3.9 NCS 작업기초능력 문제 예시(대인관계능력)

Q. A 회사에서는 격주로 사원 소식지 '우리 가족'을 발행하고 있다. 이번 호의 특집 테마는 '팀워크'에 대한 것으로, 좋은 사례를 모으고 있다. 다음 중 팀워크의 사례로 가장 적절하지 <u>않은</u> 것은 무엇인가?

① 자재조달의 차질로 인해 납기준수가 어려웠던 상황을 팀원들이 똘똘 뭉쳐 헌신적으로 일한 결과 주문받은 물품을 성공적으로 납품할 수 있었던 사례

② 팀의 분위기가 편안하고 인간적이어서 주기적인 직무순환(job rotation) 시기가 도래해도 다른 부서로 가고 싶어 하지 않는 부서의 사례

③ 팀원들의 개성과 장점을 살려 사내 직원 연극대회에서 대상을 받았던 사례

④ 팀장의 갑작스러운 부재 상황에서 팀원들이 서로 역할을 분담하고 긴밀하게 소통하면서 팀의 당초 목표를 원만하게 달성할 수 있었던 사례

<출처:2015 NCS 기반 능력중심 채용 가이드북, 고용노동부&한국산업인력공단>

라. 면접

NCS 기반의 채용에서 가장 핵심은 면접이다. NCS 도입에 따라 기존의 필기시험 중심의 공기업이나 공공기관의 선발 시스템이 면접으로 전환되는 것이다.

일반적으로 이를 역량 면접이라 한다. 직업기초능력 가운데에서도 특히 '의사소통능력', '대인관계능력', '문제해결능력', '조직이해능력'을 중심으로 평가될 것이다. 또한 지원하는 직군이나 직무에서 요구되는 직무수행능력 역시 중요하게 평가될 것이다.

면접에서 중요시되는 능력(또는 역량)은 직업기초능력, 해당 기업의 인재상이나 핵심가치, 그리고 해당 직군이나 직무의 직무수행능력이다.

면접은 다양한 형태로 진행될 것이다. 다양한 면접형태에 대한 세부적 내용은 제6장 '취업전략'에서 상세히 설명된다.

:: 표 3.10 다양한 면접형태

면접형태	특징	비고(적용 대상)
토의 면접	– 역할토의와 자유토의가 있음 • 역할토의 • 자유토의	* 내부 승진에 적용 * 신입사원 선발 적용
롤플레이 면접	– 금융권 등 서비스중심 기업 적용 • 영업에 적용	
프레젠테이션 면접	– 준비하고 발표하게 함 • 문제를 제공하고 30분간 준비 후 10분 이내에 발표하게 함	* 화이트보드 등 활용
패널 면접	– 피면접자 1명에 면접관 다수 • 일반적으로 팀장급이 면접관으로 참여	

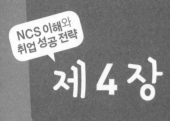

직업기초능력별 취업대비(1)

: 입사지원서 작성, 필기시험, 면접 예상 질문

1. 직업기초능력이란

일반적으로 직업기초능력이란 단순히 기초적인 직업능력만이 아니라 기본이 되는 공통적인 개념으로서의 능력을 의미하는 것으로 '직종이나 직위에 상관없이 모든 직업인에게 공통적으로 요구되는 능력'을 말한다.

미국을 비롯한 영국, 캐나다, 호주 등 선진국에서는 이미 대략 20년 전부터 이러한 직업기초능력을 정리하여 이를 기준으로 직무자격이나 직업훈련 등에 활용하고 있다.

국내의 많은 교수와 연구자들도 1990년 후반부터 직업기초능력 연구를 수행하여 왔는데, 특히 2008년에 한국직업능력개발원에서 직업기초능력을 개발하고 각 능력단위별 하위능력과 성취기준을 개발하였다.

이후 2010년에는 학계, 현장 등 전문가 패널을 구축하여 직업기초능력에 대하여 의견을 수렴하였다. 아래 〈표 4.1〉은 2010년에 한국직업능력개발원에서 연구한 직업기초능력 항목과 하위능력이다.

:: 표 4.1 2010년 한국직업능력개발원의 직업기초능력(근로자 모형)

KRIVET 직업기초능력 모형			근로자 모형
영역(3)	요소(8)	세부요소(20)	세부요소(2)
사고 지향 영역	1. 문제해결능력	1. 분석적 사고	분석 · 평가 창의력 의사결정
		2. 평가적 사고	
		3. 창의적 사고	
	2. 수리능력	4. 기초연산 활용	연산활용 수치 · 도표 해석
		5. 수치 및 도표해석	
	3. 자원 · 정보 기술활용능력	6. 자원 활용	자원 활용 정보기술 활용
		7. 정보기술 활용	
관계 지향 영역	4. 대인관계능력	8. 협업	팀워크 네트워크관리 갈등관리
		9. 네트워크관리	
		10. 갈등관리	

관계 지향 영역	5. 의사소통능력	11. 말하기와 듣기	커뮤니케이션 프레젠테이션
		12. 읽기와 쓰기	
		13. 비언어적 의사소통	
	6. 조직 · 문화 이해능력	14. 조직이해	조직이해 다양성 이해 고객 지향
		15. 글로벌 문화 이해	
자기 개발 지향 영역	7. 자기관리능력	16. 자기조절 및 관리	자기조절 · 관리 자기주도학습
		17. 자기 주도적 학습	
	8. 진로개발능력	18. 직업윤리	윤리의식 경력관리 변화대응
		19. 진로설계 및 실천	
		20. 변화대응	

<출처 : 한국직업능력개발원>

2. NCS 10대 직업기초능력

현재 NCS에서 확정된 직업기초능력은 '의사소통능력', '수리능력', '문제
해결능력', '자기개발능력', '자원관리능력', '대인관계능력', '정보능력',
'기술능력', '조직이해능력', '직업윤리' 등의 10개이다.

:: 그림 4.1 NCS 직업기초능력

의사소통능력	수리능력	문제해결능력	자기개발능력	자원관리능력

대인관계능력	정보능력	기술능력	조직이해능력	직업윤리

3. 의사소통능력 취업대비

가. 의사소통능력이란

NCS에서 정의하는 의사소통능력이란 상대방과 대화를 나누거나 문서로 의견을 교환할 때 상호 간의 전달하고자 하는 의미를 정확하게 전달할 수 있는 능력을 의미한다. 또한 글로벌 시대에서 필요한 외국어 문서이해 및 의사표현 능력도 포함된다.

이와 같이 현대를 살아가는 모든 사람들에게 사회생활에서 필요한 원만한 인간관계를 유지하고 업무성과를 높이기 위한 최소한의 의사소통능력이다.

의사소통능력은 문서이해능력, 경청능력, 문서작성능력, 의사표현능력, 기초외국어능력의 하위능력으로 구성된다.

:: **표 4.2** 의사소통능력의 하위능력

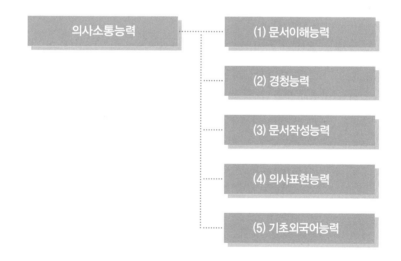

나. 하위능력과 행동지표(*기초외국어능력은 제외함)

(1) 문서이해능력

■ 문서이해능력 정의

직장생활에서 요구되는 문서이해능력은 복잡하고 다양한 문서를 읽고, 그 내용을 이해하여 요점을 파악하는 능력이다. 현대는 정보 홍수사회이다. 그러므로 직장 내에서 많은 문서를 읽고 작성하는 데 수많은 정보 중에 핵심내용을 이해하고 찾아내는 문서이해능력은 직장생활의 업무특성상 직장인에게 요구되는 매우 중요한 능력이다.

■ 문서이해능력 행동지표

문서이해능력은 네 가지 행동지표로 구성된다. 첫째는 "나는 문서이해의 개념 및 특성에 대하여 설명할 수 있다."이며, 둘째는 "나는 문서이해의 중요성에 대하여 설명할 수 있다."이다. 그리고 셋째는 "나는 문서이해의 구체적인 절차와 원리를 설명할 수 있다."이며, 넷째는 "나는 문서를 통한 정보획득 및 종합방법을 설명할 수 있다."이다.

이 가운데 핵심적인 행동지표는 "문서이해의 중요성을 설명할 수 있다."와 "문서를 통하여 정보를 획득하는 방법을 설명할 수 있다."이다.

:: 표 4.3 문서이해능력 행동지표

문항	그렇지 않은편 이다	보통 이다	그런편 이다
나는 문서이해의 개념 및 특성에 대하여 설명할 수 있다.	1	2	3
나는 문서이해의 중요성에 대하여 설명할 수 있다.	1	2	3
나는 문서이해의 구체적인 절차와 원리를 설명할 수 있다.	1	2	3
나는 문서를 통한 정보획득 및 종합방법을 설명할 수 있다.	1	2	3

〈출처:www.ncs.go.kr〉

(2) 경청능력

■ 경청능력 정의

경청능력은 다른 사람의 말을 주의 깊게 들으며 공감하는 능력이다. 직장인이 개인이나 조직 간에 원만하게 관계를 유지하고 업무성과를 높이기 위해서는 적절하게 의사소통할 수 있는 능력이 필수적이다. 특히 의사소통을 하기 위해서는 다른 사람의 말을 주의 깊게 들으며 공감할 수 있는 능력을 갖추는 것이 우선시되어야 할 것이다.

■ 경청능력 행동지표

경청능력은 네 가지 행동지표로 구성된다. 첫째는 "나는 경청의 개념 및 중요성을 설명할 수 있다."이며, 둘째는 "나는 경청을 통해 상대방 의견의 핵심내용을 파악할 수 있다."이다. 셋째는 "나는 올바른 경청을 방해하는 요인과 고쳐야 할 습관을 알고 있다."이며, 넷째는 "나는 대상과 상황에 따른 경청법을 설명할 수 있다."이다.

여기서 구체적인 경청행동인 둘째와 셋째가 가장 중요하다. 즉 "나는 경청을 통해 상대방 의견의 핵심내용을 파악할 수 있다."와 "나는 올바른 경청을 방해하는 요인과 고쳐야 할 습관을 알고 있다."의 행동지표이다.

:: 표 4.4 경청능력 행동지표

문항	그렇지 않은 편이다	보통 이다	그런 편이다
나는 경청의 개념 및 중요성을 설명할 수 있다.	1	2	3
나는 경청을 통해 상대방 의견의 핵심내용을 파악할 수 있다.	1	2	3
나는 올바른 경청을 방해하는 요인과 고쳐야 할 습관을 알고 있다.	1	2	3
나는 대상과 상황에 따른 경청법을 설명할 수 있다.	1	2	3

〈출처:www.ncs.go.kr〉

(3) 문서작성능력

■ 문서작성능력 정의

문서작성능력이란 직장생활에서 요구되는 업무의 목적과 상황에 적합한 아이디어나 정보를 전달할 수 있도록 문서로 작성할 수 있는 능력을 의미한다. 직장인은 자신에게 주어진 업무나 자신을 둘러싸고 일어나는 상황에서 필요한 문서가 무엇인지 이해하고 작성할 때, 조직의 요구에 효과적으로 부응할 수 있다. 따라서 다양한 문서를 이해하고 상황과 목적에 맞는 문서작성능력의 함양이 요구된다.

■ 문서작성능력 행동지표

문서작성능력은 네 가지 행동지표로 구성된다. 첫째는 "나는 체계적인 문서작성의 개념 및 중요성을 설명할 수 있다."이며, 둘째는 "나는 목적과 상황에 맞는 문서의 종류와 유형을 설명할 수 있다."이다. 셋째는 "나는 문서작성의 구체적인 절차와 원리를 설명할 수 있다."이며, 넷째는 "나는 문서작성에서 효과적인 시각적 표현과 연출방법을 안다."이다.

　이 가운데 핵심적인 행동지표는 둘째와 넷째이다. 즉 "나는 목적과 상황에 맞는 문서의 종류와 유형을 설명할 수 있다."와 "나는 문서작성에서 효과적인 시각적 표현과 연출방법을 안다."이다.

:: 표 4.5 문서작성능력 행동지표

문항	그렇지 않은 편이다	보통이다	그런 편이다
나는 체계적인 문서작성의 개념 및 중요성을 설명할 수 있다.	1	2	3
나는 목적과 상황에 맞는 문서의 종류와 유형을 설명할 수 있다.	1	2	3
나는 문서작성의 구체적인 절차와 원리를 설명할 수 있다.	1	2	3
나는 문서작성에서 효과적인 시각적 표현과 연출방법을 안다.	1	2	3

〈출처:www.ncs.go.kr〉

(4) 의사표현능력

■ 의사표현능력 정의

의사표현능력이란 말하는 사람이 자신의 생각과 감정을 듣는 사람에게 음성언어나 신체언어로 표현하는 능력이다. 의사표현능력은 의사소통의 중요한 수단으로 직장인이 개인이나 조직 간에 원만하게 관계를 유지하고 업무성과를 높이기 위해서는 필수적인 능력이다. 해야 할 말을 자신 있게 말하는 사람이야말로 진정 용기 있는 사람이다. 자신의 능력을 제대로 표현하기 위해서는 효과적인 의사표현능력을 갖추어야 한다.

■ 의사표현능력 행동지표

의사표현능력은 세 가지 행동지표로 구성된다. 첫째는 "나는 정확한 의사표현의 중요성을 설명할 수 있다."이며, 둘째는 "나는 원활한 의사표현의 방해요인을 알고 관리할 수 있다."이다. 그리고 셋째는 "나는 논리적이고 설득력 있는 의사표현의 기본요소 및 특성을 안다."이다.

이 가운데 둘째 "나는 원활한 의사표현의 방해요인을 알고 관리할 수 있다."와 셋째 "나는 논리적이고 설득력 있는 의사표현의 기본요소 및 특성을 안다."가 가장 핵심적인 행동지표이다.

:: 표 4.6 의사표현능력 행동지표

문항	그렇지 않은 편이다	보통이다	그런 편이다
나는 정확한 의사표현의 중요성을 설명할 수 있다.	1	2	3
나는 원활한 의사표현의 방해요인을 알고 관리할 수 있다.	1	2	3
나는 논리적이고 설득력 있는 의사표현의 기본요소 및 특성을 안다.	1	2	3

〈출처:www.ncs.go.kr〉

다. 지원서 작성 예시

(1) 서로 대립적인 입장에 있는 타인을 설득시킨 사례가 있으면 기술하여
주십시오.

> * 이 질문은 의사소통능력 가운데 **경청능력**과 **의사표현능력**을 파악하기 위한 것이다. 따라서
> 경청능력의 행동지표와 의사표현능력의 행동지표가 포함되도록 내용이 기술되어야 한다.

(2) 평소 상대의 이야기를 들을 때 귀하가 취하는 특성(태도, 자세 등)은
무엇입니까? 그런 특성이 상대방에게 어떤 반응을 가져옵니까?

> * 이 질문은 의사소통능력 가운데 **경청능력**을 파악하기 위한 것이다. 따라서 경청능력의 행
> 동지표가 포함되도록 내용이 기술되어야 한다.

(3) 글이나 서류로 다른 사람을 변화시키거나 귀하의 의도나 계획에 참여
시킨 경험이 있으시면 기술하여 주십시오.

> * 이 질문은 의사소통능력 가운데 **문서이해능력**과 **문서작성능력**을 파악하기 위한 것이다. 따
> 라서 문서이해능력의 행동지표와 문서작성능력의 행동지표가 포함되도록 내용이 기술되어
> 야 한다.

라. 필기시험

| Q1 | 다음은 회사가 겪은 클레임 현황에 대해 보고한 자료이다. 자료를 읽고 작성된 문서에 대한 평가 및 조언으로 적합하지 <u>않은</u> 것을 고르시오.

> 올해 당사의 클레임은 178건으로 집계되었습니다. 그중 제품불량이 46건, 부품결함이 22건, 배송문제가 21건, 인적 대응문제가 62건, 사용불편이 16건입니다.

① 미나 : 쉽게 이해가 되지 않는 자료야.
② 철수 : 내용과 수치를 시각화하는 것이 좋겠어.
③ 선희 : 다채로운 시각화를 위하여 꺾은선 그래프를 사용하는 것이 좋겠어.
④ 아름 : 가독성을 높여야 하니 막대그래프가 좋을 것 같아.

정답 ③

| Q2 | 다음은 경청의 이점 및 효과에 대한 설명이다. 적합하지 <u>않은</u> 것은?

① 상대방의 신뢰를 얻을 수 있다.
② 상대방이 말할 때는 가만히 들어야 한다.
③ 상대방을 대화에 집중하게 한다.
④ 상대방을 존중한다는 인식을 준다.

정답 ②

| Q 3 | ABC 협회는 소속 기업들의 의견을 담아 정부에 협력을 요청하는 문서를 보내야 한다. 다음은 ABC 협회가 정부에 보내는 문서와 관련하여 고려하여야 할 내용이다. 적합하지 <u>않은</u> 것은?

① 가능하면 간결하게 표현하기 위하여 단축형 표현을 사용한다.
② 협회장 명의로 발송하지만 참조란에 발신자 이름과 연락처를 기록한다.
③ 정중한 표현과 완전한 문장형태로 문서를 작성한다.
④ 이메일로 편지를 쓰고 문서를 첨부한다. 그리고 등기우편으로도 발송한다.

정답 ①

| Q 4 | 다음의 상황에 가장 적합한 문서는 어떤 것인가?

김 대리는 거래한 회사와 미팅을 마치고 사무실로 돌아왔다. 미팅에서 서로 의견을 주고받아 만족할 만한 조정이 이루어졌고 김 대리는 견적서를 보내기로 하였다. 현재 김 대리의 상황에서 가장 효과적인 문서와 절차는 어떠해야 하는가? 거래처는 가능하면 빨리 견적서를 받아 보기를 기대하고 있다.

① 견적서는 공식적인 문서이기에 등기우편으로 보내야 한다.
② 최근 이메일 사용증가 추세에 맞추어 이메일로 친근하게 레터를 쓰고 견적서를 첨부하여 보낸다.
③ 이메일은 공식 문서가 아니므로 견적서를 우편으로 보내기로 하였다.
④ 고객이 빨리 견적서를 받기를 원하므로 전화로 견적내용을 설명하였다.

정답 ②

| Q 5 | 다음 중 상대방과의 대화에서 하지 말아야 할 행동은 무엇인가? 즉 경청을 방해하는 행동을 고르시오.

① 상대방이 말할 때 집중한다.
② 상대방의 말에 동의할 때는 가볍게 고개를 끄덕인다.
③ 대답할 말을 미리 준비한다.
④ 상대방의 말을 요약하거나 간단한 질문도 한다.

정 답 ③

| Q 6 | 상황과 대상에 따른 의사표현법의 설명으로 <u>잘못된</u> 것은?

① 충고를 할 때는 예를 들거나 비유법을 사용하는 것보다 직설적 표현법을 사용한다.
② 상대방에게 부탁해야 할 때는 기간, 비용, 순서 등을 명확하게 제시해야 한다.
③ 처음 만나는 사람에게 말을 할 때는 먼저 칭찬으로 시작한다.
④ 설득해야 할 때는 자신이 변해야 상대방도 변한다는 사실부터 받아들여야 한다.

정 답 ①

| Q 7 | 다음 중 문서작성의 원칙으로 적합하지 <u>않은</u> 것을 고르시오.

① 상대방이 이해하기 쉽도록 우회적인 표현을 되도록 쓰지 않는다.

② 부정문보다는 긍정문으로 작성한다.

③ 두괄식으로 문서의 주요 내용을 먼저 작성한다.

④ 문서의 첨부자료는 가능한 한 다양하게 준비하여 상대방의 이해를 높인다.

정답 ④

| Q 8 | 다음 글을 읽고 A와 B의 탁월한 능력이 무엇인지 고르시오.

A는 대화 중에 자신의 말보다 타인의 의견을 잘 듣고 이해한다. 이를 위하여 A는 상대방을 응시하며 궁금한 사항이 있으면 조심스럽게 물어본다. B는 자신의 생각을 적절한 예를 들어 이야기한다. 상대방이 이해했다고 추측하지 않고 이해 여부를 확인하기도 한다.

	A		B
①	의사표현능력	–	경청능력
②	경청능력	–	의사표현능력
③	문서이해능력	–	경청능력
④	경청능력	–	문서작성능력

정답 ②

| Q 9 | 다음 중 조직생활에서의 의사소통에 대한 설명으로 올바르지 <u>않은</u> 것은?

① 의사소통은 자신의 의사를 정확하게 표현하는 능력을 말한다.

② 동일한 내용을 제시하더라도 상대방에 따라 다르게 받아들이고 반응할 수 있다.

③ 의사소통에서 상대방이 어떻게 받아들일 것인가에 대한 고려가 전제되어야 한다.

④ 자료를 읽거나 외국인의 의사표시를 이해하는 능력은 의사소통능력과 관련이 없다.

정답 ④

| Q 10 | 문서의 종류에 따른 작성 시 유의할 사항으로 옳은 것을 고르시오.

① 공문서는 육하원칙에 의거하여 정확하게 작성하며 한 장에 작성한다.

② 설명서는 정확한 내용전달을 위해 명령문으로 작성한다.

③ 기획서는 자신의 기획의도에 맞게 본인만의 표현방식으로 작성한다.

④ 보고서는 핵심내용에 대해 구체적이고 복잡한 글로 작성한다.

정답 ①

마. 면접질문 예시

(1) 서로 대립적인 입장에 있는 타인을 설득시킨 사례가 있으면 기술하여 주십시오.

- 이해관계가 대립되었던 경험을 떠올려 본다. 그리고 어떻게 상대방을 이해시켰는가를 설명하면 된다.

- 면접관은 귀하의 구체적 행동을 평가하기 위하여 계속 질문할 것이다. 당황할 필요 없이 설명하면 된다.

- 탐색질문 예시

  - 어떤 문제 혹은 어떤 상황이었습니까?

  - 상대방 주장의 핵심은 무엇이었습니까?

  - 상대를 이해시킨 포인트나 핵심은 무엇이었습니까?

  - 구체적으로 귀하가 취한 행동은 무엇입니까?

  - 결과적으로 상대방의 태도나 행동은 어떠했습니까?

  - 말씀하신 사례에서 느낀 점이나 학습한 것은 무엇입니까?

- 위 탐색질문을 통하여 면접관은 다음에 있는 행동지표의 실천 여부를 평가한다. 진실한 답변 가운데 다음의 행동지표가 포함되면 높은 평가점수를 받을 수 있다.

행동지표(예)	Check
경청을 통해 상대방 의견의 핵심내용을 파악할 수 있다.	∨
원활한 의사표현의 방해요인을 알고 이를 관리할 수 있다.	∨
논리적이고 설득력 있는 의사표현을 한다.	
⋮	⋮

(2) 평소 상대방의 이야기를 들을 때 귀하가 취하는 특성은 무엇입니까?
그런 특성이 상대방에게 어떤 반응을 가져옵니까?

● 대화 중에 경청과 관련된 귀하의 특성을 파악하기 위한 질문이다.

● 자신도 잘 모를 수 있다. 개인마다 상대를 배려하는 특성이 있으니
침착하게 생각해서 답하면 된다.

● 탐색질문 예시

– 대화는 주로 어떤 내용이었습니까?

– 주변 상황이나 여건은 어땠습니까?

– 구체적으로 귀하가 취한 행동은 무엇입니까?

– 결과적으로 상대방의 태도나 행동은 어떠했습니까?

– 말씀하신 사례에서 느낀 점이나 학습한 것은 무엇입니까?

● 위 탐색질문을 통하여 면접관은 다음에 있는 행동지표의 실천 여부
를 평가한다. 진실한 답변 가운데 다음의 행동지표가 포함되면 높은
평가점수를 받을 수 있다.

행동지표(예)	Check
경청을 통해 상대방 의견의 핵심내용을 파악할 수 있다.	V
경청을 저해하는 요인을 알고 이를 제거하거나 습관을 고친다.	V
효과적인 경청방법이나 기술을 실천한다.	
⋮	⋮

(3) 글이나 서류로 다른 사람을 변화시키거나 귀하의 의도나 계획에 참여
시킨 경험이 있다면 기술하여 주십시오.

● 귀하의 문서작성능력을 파악하기 위한 질문이다.

● 과거 편지나 쪽지 메모 등을 남긴 기억을 떠올려 보라.

● 탐색질문 예시

– 어떤 목적이나 계획이었습니까?

– 상대방을 이해시킨 포인트나 핵심은 무엇이었습니까?

– 구체적으로 귀하가 취한 방법이나 행동은 무엇입니까?

– 결과적으로 상대방의 태도나 행동은 어떠했습니까?

– 말씀하신 사례에서 느낀 점이나 학습한 것은 무엇입니까?

● 위 탐색질문을 통하여 면접관은 다음에 있는 행동지표의 실천 여부
  를 평가한다. 진실한 답변 가운데 다음의 행동지표가 포함되면 높은
  평가점수를 받을 수 있다.

행동지표(예)	Check
체계적인 문서작성의 개념 및 중요성을 안다.	∨
목적과 상황에 맞는 문서의 종류와 유형을 알고 적용한다.	
문서작성의 구체적인 절차와 원리를 안다.	∨
문서작성에서 효과적인 시각적 표현과 연출방법을 안다.	∨
⋮	⋮

4. 수리능력 취업대비

가. 수리능력이란

수리능력은 직장생활에서 요구되는 사칙연산과 도표 또는 자료(데이터)를 정리·요약하여 의미를 파악하거나 도표 등을 이용해서 합리적인 의사결정을 위한 객관적인 판단근거를 효과적으로 제시하는 능력을 의미한다. 직업인은 직장생활에서 만나게 되는 문제들의 해결을 위하여 기초적인 수리적 분석력이 필요하므로 수리능력의 함양이 필수적이다.

수리능력은 기초연산능력, 기초통계능력, 도표분석능력, 도표작성능력의 하위능력으로 구성된다.

:: 표 4.7 수리능력의 하위능력

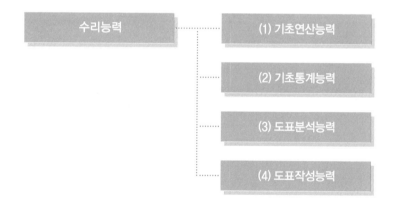

나. 하위능력과 행동지표

(1) 기초연산능력

■ 기초연산능력 정의

기초연산능력은 직장생활에서 필요한 기초적인 사칙연산과 계산방법을 이해하고 활용하는 능력이다. 특히 직장생활에서 다단계의 복잡한 사칙연산을 하고 연산 결과의 오류를 수정하는 것이 매우 중요하다. 이러한 측면에서 기초연산능력의 함양은 필수적이다.

■ 기초연산능력 행동지표

기초연산능력은 세 가지 행동지표로 구성된다. 첫째는 "나는 업무수행에 필요한 수의 개념, 단위 및 체제 등을 설명할 수 있다."이며, 둘째는 "나는 사칙연산을 활용하여 업무수행에 필요한 계산을 수행할 수 있다."이다. 셋째는 "나는 검산방법을 활용하여 연산결과의 오류를 확인할 수 있다."이다.

:: 표 4.8 기초연산능력 행동지표

문항	그렇지 않은 편이다	보통 이다	그런 편이다
나는 업무수행에 필요한 수의 개념, 단위 및 체제 등을 설명할 수 있다.	1	2	3
나는 사칙연산을 활용하여 업무수행에 필요한 계산을 수행할 수 있다.	1	2	3
나는 검산방법을 활용하여 연산결과의 오류를 확인할 수 있다.	1	2	3

〈출처:www.ncs.go.kr〉

(2) 기초통계능력

■ 기초통계능력 정의

기초통계능력은 직장생활에서 평균, 합계, 빈도와 같은 기초적인 통계기법을 활용하여 자료의 특성과 경향성을 파악하는 능력이다. 특히 직장생활 중 불확실한 상황에서 의사결정을 하여야 하는 경우 기초적인 통계기법을 활용하여 판단을 하는 것이 효과적이라는 측면에서 기초통계능력의 함양은 필수적이라 할 수 있다.

■ 기초통계능력 행동지표

기초통계능력은 세 가지 행동지표로 구성된다. 첫째는 "나는 업무수행에 활용되는 기초적인 통계방법을 설명할 수 있다."이며, 둘째는 "나는 업무수행과정에서 기본적인 통계자료를 읽고 해석할 수 있다."이다. 셋째는 "나는 통계방법을 활용하여 업무수행에 필요한 자료를 제시할 수 있다."이다.

::표 4.9 기초통계능력 행동지표

문항	그렇지 않은 편이다	보통 이다	그런 편이다
나는 업무수행에 활용되는 기초적인 통계방법을 설명할 수 있다.	1	2	3
나는 업무수행과정에서 기본적인 통계자료를 읽고 해석할 수 있다.	1	2	3
나는 통계방법을 활용하여 업무수행에 필요한 자료를 제시할 수 있다.	1	2	3

〈출처:www.ncs.go.kr〉

(3) 도표분석능력

■ 도표분석능력 정의

도표분석능력은 직장생활에서 도표(그림, 표, 그래프 등)의 의미를 파악하고 필요한 정보를 해석하는 능력이다. 특히 직업인은 직장생활에서 다양한 도표를 종합하여 내용을 분석·종합하는 것이 매우 중요하다는 측면에서 도표분석능력의 함양은 필수적이다.

■ 도표분석능력 행동지표

도표분석능력은 세 가지 행동지표로 구성된다. 첫째는 "나는 도표의 종류별 장단점을 설명할 수 있다."이며, 둘째는 "나는 제시된 도표로부터 필요한 정보를 획득할 수 있다."이다. 셋째는 "나는 제시된 도표를 비교·분석하여 업무에 적용할 수 있다."이다.

:: **표 4.10** 도표분석능력 행동지표

문항	그렇지 않은 편이다	보통 이다	그런 편이다
나는 도표의 종류별 장단점을 설명할 수 있다.	1	2	3
나는 제시된 도표로부터 필요한 정보를 획득할 수 있다.	1	2	3
나는 제시된 도표를 비교·분석하여 업무에 적용할 수 있다.	1	2	3

〈출처:www.ncs.go.kr〉

(4) 도표작성능력

■ 도표작성능력 정의

도표작성능력은 직장생활에서 도표를 이용하여 결과를 효과적으로 제시하는 능력이다. 특히 직업인은 직장생활에서 다양한 종류의 자료를 종합하여 업무결과를 도표로 제시하는 것이 매우 중요하다는 측면에서 도표작성능력의 함양은 필수적이다.

■ **도표작성능력 행동지표**

도표작성능력은 세 가지 행동지표로 구성된다. 첫째는 "나는 효과적인 도표작성 절차를 설명할 수 있다."이며, 둘째는 "나는 도표를 활용하여 핵심내용을 강조할 수 있다."이다. 셋째는 "나는 도표의 종류에 따른 효과적인 제시방법을 설명할 수 있다."이다.

:: 표 4.11 도표작성능력 행동지표

문항	그렇지 않은 편이다	보통 이다	그런 편이다
나는 효과적인 도표작성 절차를 설명할 수 있다.	1	2	3
나는 도표를 활용하여 핵심내용을 강조할 수 있다.	1	2	3
나는 도표의 종류에 따른 효과적인 제시방법을 설명할 수 있다.	1	2	3

〈출처:www.ncs.go.kr〉

다. 지원서 작성 예시

(1) 직업인으로서 수리능력이 필요한 점은 어떤 측면이라고 생각하는지
작성해 주십시오.

> * 이 질문으로 확인하고자 하는 것은 수리능력의 하위능력인 **기초연산능력**이나 **기초통계능력**
> 이다. 따라서 기초연산능력의 행동지표나 기초통계능력의 행동지표에 대한 이해가 내용에
> 포함되어야 한다.

(2) 귀하에게 연산이나 통계처리능력이 있다고 생각하십니까? 어떤 면에
서 연산이나 통계처리능력을 검증할 수 있습니까?

> * 이 질문으로 확인하고자 하는 것은 수리능력의 하위능력인 **기초통계능력**이다. 따라서 기
> 초통계능력의 행동지표에 대한 이해가 내용에 포함되어야 한다.

(3) 효과적인 전달이나 이해를 향상시키기 위하여 도표를 활용한 적이 있습니까?

> * 이 질문으로 확인하고자 하는 것은 수리능력의 하위능력인 **도표이해능력**이나 **도표작성능력**이다. 따라서 도표이해능력의 행동지표나 도표작성능력의 행동지표에 대한 이해가 내용에 포함되어야 한다.

라. 필기시험

| Q 1 | 다음 글을 읽고 보석상 주인은 얼마의 손해를 보았는지 계산해 보시오.

- 어느 신사가 보석상에 들어와서 100만 원짜리 수표를 내고 70만 원짜리 금반지를 샀다.
- 보석상은 거스름돈이 없어서 옆집 제과점에서 100만 원짜리 수표를 만 원짜리로 바꾸어 와서 30만 원을 거슬러 주었다.
- 잠시 후 그 수표가 가짜라는 것이 밝혀졌고 보석상은 제과점 주인에게 다시 100만 원을 돌려 주었다.
- 이때 보석상 주인은 얼마를 손해보는가?
- 이때 금반지의 원가는 70만 원이라고 가정하자.

① 100만 원　　② 130만 원　　③ 170만 원　　④ 200만 원

정답 ①

| Q 2 | 다음 글을 읽고 탁구공의 가격은 얼마인지 계산해 보시오.

탁구라켓 1개와 탁구공 1개를 합해서 1,100원에 팔고 있다. 탁구라켓은 탁구공보다 1,000원이 더 비싸다. 그렇다면 탁구공의 가격은 얼마인가?

① 100원　　② 110원　　③ 1,000원　　④ 10원

정답 ①

┃ Q 3 ┃ 다음 글을 읽고 질문에 대한 답을 계산해 보시오.

의류공장에서 5대의 기계를 가동해 와이셔츠 5벌을 만드는 데 5분이 걸린다. 100대
의 기계로 100벌을 만드는 데 몇 분이 걸릴까?

① 100분   ② 20분   ③ 5분   ④ 1분

정답 ③

┃ Q 4 ┃ 다음 글을 읽고 질문에 대한 답을 계산해 보시오.

어느 늪에 수련이 자란다. 매일 수련이 덮은 늪의 표면이 두 배씩 늘어나고 있다.
이 늪이 수련으로 완전히 덮이는 데는 48일이 걸린다. 그렇다면 늪 표면 면적의
절반이 덮일 때까지는 며칠이 걸릴까?

① 24일   ② 2일   ③ 12일   ④ 47일

정답 ④

| Q 5 | 다음은 ABC 회사의 3년간 매출실적을 나타낸 표이다.

(단위: 만 원)

	1월	2월	3월	4월	5월	6월	7월	8월	9월	10월	11월	12월
14년	41	44	43	44	44	44	46	48	47	43	43	42
13년	35	36	38	35	32	36	38	40	41	44	40	39
12년	23	22	27	30	23	31	35	40	42	43	33	34

김 대리는 도표를 시각화하여 작성 중인 매출보고서에 포함시키려 한다. 선그래프와 막대그래프를 활용하여 작성하려 할 때 유의할 점은 무엇인가?

① 세로축의 눈금보다 가로축의 눈금을 작게 하는 것이 효과적이다.

② 눈금선을 넣지 않아야 한다.

③ 막대그래프 작성 시 강조하려는 막대의 폭은 넓게, 다른 막대는 좁게 만드는 것이 좋다.

④ 선그래프 작성 시 선이 2개 이상이면 명칭을 표기하기보다 선색을 다르게 표시한다.

정답 ①

| Q 6 | 그래프 중 연도별 비용, 매출액 등을 비교할 때 가장 적합한 그래프는 무엇인가?

① 층별그래프   ② 원그래프

③ 점그래프   ④ 막대그래프

정답 ④

┃ Q 7 ┃ 둘레의 길이가 10km인 공원이 있다. 어느 지점에서 민수와 민희는 서로 반대방향으로 걷기 시작했다. 민수의 속력이 시속 3km, 민희의 속력이 시속 2km일 때 두 사람은 몇 시간 후에 만나는가?

① 1시간　　　　　　　　　　② 2시간

③ 2시간 30분　　　　　　　　④ 2시간 50분

정답 ②

해설 민수와 민희의 이동거리의 합이 10km이고, 두 사람의 이동시간은 같으므로 x시간 후에 만난다고 하면 3x+2x=10이다. 그러므로 x=2이다.

┃ Q 8 ┃ 다음은 도표작성절차에 관한 내용이다. 가장 적합하지 <u>않은</u> 것은?

① 자료내용을 검토 후 적합한 도표형태를 결정한다.
② 자료를 가장 잘 표현할 수 있도록 눈금의 크기를 결정한다.
③ 일반적으로 가로축은 수량(금액, 매출액), 세로축은 연도를 나타낸다.
④ 도표작성 후 도표 상단 혹은 하단에 제목과 단위를 표기한다.

정답 ③

┃ Q 9 ┃ 1분 30초를 초단위로 환산하면 몇 초인가?

① 75초　　　　　　　　　　② 90초

③ 130초　　　　　　　　　　④ 160초

정답 ②

| **Q10** | 다음의 수리능력에서 업무비용을 측정하는 경우, 고객과 소비자의 정보를 조사하고 결과를 종합할 때 필요한 업무수행 경비를 계산하는 등의 업무수행 시 필요한 능력은 무엇인가?

① 기초연산능력   ② 기초통계능력

③ 도표분석능력   ④ 도표작성능력

정답 ①

마. 면접질문 예시

(1) 수리능력을 활용하여 업무를 효과적으로 수행한 적이 있습니까? 구체적으로 어떤 수리능력을 활용하셨습니까?

- 연산이나 통계의 활용능력을 평가하고자 한다.

- 문제를 해결할 때 또는 상대방의 이해를 구할 때 통계수치나 계수를 이용한 예를 들어라.

- 탐색질문 예시

  - 어떤 문제 혹은 어떤 상황이었습니까?

  - 구체적 과제는 무엇이었습니까?

  - 어떤 능력이 업무를 효율화하는 데 활용되었습니까?

  - 결과적으로 업무처리는 잘되었습니까?

  - 귀하가 종합적으로 느낀 점이나 학습한 것은 무엇입니까?

- 위 탐색질문을 통하여 면접관은 다음에 있는 행동지표의 실천 여부를 평가한다. 진실한 답변 가운데 다음의 행동지표가 포함되면 높은 평가점수를 받을 수 있다.

행동지표(예)	Check
수리능력의 중요성을 안다.	∨
연산능력이나 통계처리능력이 있다.	∨
업무의 내용에 따라 적절한 통계기법을 활용할 수 있다.	
⋮	⋮

(2) 귀하에게 연산이나 통계처리능력이 있다고 생각하십니까? 어떤 면에서 연산이나 통계처리능력을 검증할 수 있습니까?

- 다른 사람들보다 수리능력이 있다는 것을 보여주면 된다.

- 어렸을 때 '주산', '암산', 또는 '통계기법'을 배운 경험이 있는지 기억해 보라.

- 탐색질문 예시

  - 업무에 적용했던 구체적인 상황을 설명해 주십시오.

  - 어떤 업무였습니까?

  - 구체적으로 적용했던 통계기법이나 방법은 무엇입니까?

  - 결과적으로 어떤 효과가 있었습니까?

- 위 탐색질문을 통하여 면접관은 다음에 있는 행동지표의 실천 여부를 평가한다. 진실한 답변 가운데 다음의 행동지표가 포함되면 높은 평가점수를 받을 수 있다.

행동지표(예)	Check
업무수행에 활용되는 기초적인 통계방법을 안다.	∨
업무수행과정에서 기본적인 통계자료를 읽고 해석할 수 있다.	∨
통계방법을 활용하여 업무수행에 필요한 자료를 제시할 수 있다.	
⋮	⋮

(3) 효과적인 전달이나 이해를 향상시키기 위하여 도표를 활용한 적이 있습니까? 구체적으로 어떻게 도표를 활용하셨습니까?

- 시험공부할 때 그림을 그렸던 경험도 좋은 예가 될 수 있다.

- 상황별 적합한 도표를 예로 들어도 좋다.

- 탐색질문 예시

  - 어떤 문제 혹은 어떤 상황이었습니까?

  - 어떤 이유로 도표를 활용하기로 했습니까?

  - 상대방을 이해시킨 포인트나 핵심은 무엇이었습니까?

  - 결과적으로 상대방의 태도나 행동은 어떠했습니까?

  - 말씀하신 사례에서 느낀 점이나 학습한 것은 무엇입니까?

- 위 탐색질문을 통하여 면접관은 다음에 있는 행동지표의 실천 여부를 평가한다. 진실한 답변 가운데 다음의 행동지표가 포함되면 높은 평가점수를 받을 수 있다.

행동지표(예)	Check
효과적인 도표작성 절차를 안다.	V
도표를 활용하여 핵심내용을 강조할 수 있다.	V
도표의 종류에 따른 효과적인 제시방법을 안다.	
⋮	⋮

5. 문제해결능력 취업대비

가. 문제해결능력이란

문제해결능력이란 직장생활에서 업무수행 중에 발생하는 여러 가지 문제를 창조적, 논리적, 비판적 사고를 통해 그 문제를 올바르게 인식하고 적절히 해결하는 능력을 말한다.

최근의 문제들은 더욱 복합적이고 다양한 형태로 나타나고 있다. 그러므로 문제해결능력은 모든 직업인에게 직면한 문제를 바르게 인식하고 바람직한 문제해결을 위해 요구되는 가장 중요한 요소이다.

문제해결능력은 사고력과 문제처리능력의 하위능력으로 구성된다.

:: 표 4.12 문제해결능력의 하위능력

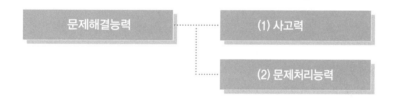

나. 하위능력과 행동지표

(1) 사고력

■ 사고력 정의

사고력은 직장생활에서 발생하는 문제를 해결하기 위하여 요구되는 기본 요소로서 창의적, 논리적, 비판적으로 생각하는 능력이다. 직업인은 각종 정보의 홍수 속에서 다양한 입장에 있는 사람들과 살고 있다. 이런 상황에서 우리는 정보의 적절한 선택과 다른 사람과의 의견을 공유하기 위해서는 창의적, 논리적, 비판적사고가 필수적이며, 이러한 사고력은 다양한 형태의 문제에 대처하고 자신들의 의견 및 행동을 피력하는 데 중요한 역할을 한다.

■ 사고력 행동지표

사고력은 여섯 가지 행동지표로 구성된다. 첫째는 "나는 문제를 해결하기 위한 다양한 아이디어를 많이 생각해 낸다."이고, 두 번째는 "나는 문제를 해결하기 위한 독창적인 아이디어를 많이 제시한다."이며 세 번째는 "나는 문제를 해결하기 위해서 다듬어지지 않은 아이디어를 분석하고 종합한다.", 네 번째는 "나는 상대의 논리를 구조화하여 개선점을 찾는다."이다. 그리고 다섯 번째는 "나는 상사의 지시를 무조건적으로 수용하지 않고 비판적으로 생각한다."이며 마지막으로 "나는 제시된 아이디어를 평가하는 데 자신의 의견을 적극적으로 표현한다." 등의 행동지표로 구성된다.

:: 표 4.13 사고력 행동지표

문항	그렇지 않은 편이다	보통 이다	그런 편이다
나는 문제를 해결하기 위해 다양한 아이디어를 많이 생각해 낸다.	1	2	3
나는 문제를 해결하기 위해 독창적인 아이디어를 많이 제시한다.	1	2	3
나는 문제를 해결하기 위해서 다듬어지지 않은 아이디어를 분석하고 종합한다.	1	2	3
나는 상대의 논리를 구조화하여 개선점을 찾는다.	1	2	3
나는 상사의 지시를 무조건적으로 수용하지 않고 비판적으로 생각한다.	1	2	3
나는 제시된 아이디어를 평가하는 데 자신의 의견을 적극적으로 표현한다.	1	2	3

〈출처:www.ncs.go.kr〉

(2) 문제처리능력

■ 문제처리능력 정의

문제처리능력은 문제를 해결해 나가는 실천과정에서 실제적으로 요구되는 능력이다. 문제처리능력은 업무수행 중에 발생한 문제의 원인 및 특성을 파악하고 적절한 해결안을 선택·적용하고 그 결과를 평가하여 피드백하는 능력을 말한다. 문제를 합리적이고 효율적으로 해결하는 능력은 기업의 성패를 결정하는 중요한 요소로서, 문제처리능력을 배양함으로써 합리적인 문제해결이 가능하게 될 것이다.

■ 문제처리능력 행동지표

문제처리능력은 여섯 가지 행동지표로 구성된다. 첫째는 "나는 문제가 발생하였을 때 문제의 결과를 미리 예측한다."이며, 둘째는 "나는 문제가 발생하였을 때 주변 환경을 잘 분석한다."이다. 셋째는 "나는 발생한 문제 중에서 우선순위를 잘 고려해서 먼저 해결해야 하는 문제를 잘 찾아낸다."이며, 넷째는 "나는 문제해결을 위해 제시된 대안을 논리적으로 검토한다."이다. 그리고 다섯째는 "나는 문제를 해결하기 위한 대안이 실제로 실현 가능한지를 고려한다."이며, 여섯째는 "나는 문제해결을 위한 방법을 실천하고 그 결과를 평가한다."이다.

이 가운데 가장 중요한 행동지표는 둘째와 넷째 그리고 다섯째이다. 즉 "나는 문제가 발생하였을 때 주변 환경을 잘 분석한다."와 "나는 문제해결을 위해 제시된 대안을 논리적으로 검토한다." 그리고 "나는 문제를 해결하기 위한 대안이 실제로 실현 가능한지를 고려한다."이다.

다시 말해 문제가 발생한 맥락적 상황을 분석하고 대안을 검토하며 그리고 그 대안이 실현 가능한지를 확인하는 것이다.

문항	그렇지 않은 편이다	보통 이다	그런 편이다
나는 문제가 발생하였을 때 문제의 결과를 미리 예측한다.	1	2	3
나는 문제가 발생하였을 때 주변 환경을 잘 분석한다.	1	2	3
나는 발생한 문제 중에서 우선순위를 잘 고려해서 먼저 해결해야 하는 문제를 잘 찾아낸다.	1	2	3
나는 문제해결을 위해 제시된 대안을 논리적으로 검토한다.	1	2	3
나는 문제를 해결하기 위한 대안이 실제로 실현 가능한지를 고려한다.	1	2	3
나는 문제해결을 위한 방법을 실천하고 그 결과를 평가한다.	1	2	3

〈출처:www.ncs.go.kr〉

다. 지원서 작성 예시

(1) 지금까지 학교나 사회생활, 또는 조직생활을 하면서 문제라고 인식되는 것은 어떤 것이 있었습니까? 귀하의 어떤 점이 문제를 인식하는 데 도움이 된다고 생각하십니까? 사례가 있으면 기술하여 주십시오.

* 이 질문은 문제해결능력의 하위능력인 **사고력**에 대한 평가이다. 사고력의 행동지표를 고려하여 지원서를 작성해야 한다.

⑵ 가장 어려웠던 적은 언제였습니까? 그때 귀하는 어떻게 행동하였습니까?

> * 이 질문은 문제해결능력의 하위능력인 **문제처리능력**에 대한 평가이다. 문제처리능력의 행동지표를 고려하여 지원서를 작성해야 한다.

⑶ 귀하가 가장 합리적으로 문제를 해결했다고 생각되는 일을 사례를 들어 상세히 작성해 주십시오.

> * 이 질문은 문제해결능력의 하위능력인 **문제처리능력**에 대한 평가이다. 문제처리능력의 행동지표를 고려하여 지원서를 작성해야 한다.

라. 필기시험

| Q 1 | 다음 글을 읽고 의견제시자와 접근하는 문제해결방식에 대한 문제점의 연결이 <u>잘못된</u> 것을 고르시오.

국내 굴지의 의류업체인 K 사는 최근 10대들 사이에서 열풍이 불고 있는 아웃도어 경쟁에 뛰어들기 위하여 아웃도어 부서를 신설하고 신제품 개발에 착수하였다. 담당자인 S 과장은 청소년들의 마음을 사로잡기 위한 디자인을 만드는 것까지는 순조로웠지만 이를 효과적으로 홍보하기 위한 단계에서 계속 문제에 봉착하게 되었다. 개발 회의에서 다음과 같은 대화내용이 오갔다.

A : 제 주변 10대들은 그룹 소녀시대를 좋아하던데 소녀시대를 모델로 채용하면 어떨까요?

B : 아니에요. 제가 어제 10대들에게 어필할 만한 광고 콘티를 10개 정도 만들어 왔어요. 이것을 검토하여 홍보전략을 짜 보는 건 어떨까요?

C : 갑자기 생각난 건데 아웃도어하면 비싸단 인식이 강하잖아요? 기존 아웃도어 시장의 1위인 N 사의 제품보다 저렴하다고 홍보하면 어떨까요?

회의가 끝난 후 S 과장은 오늘도 특별한 소득이 없었다는 것을 깨닫게 되었고, 회의 의 문제가 무엇인지 고민하게 되었다.

	의견제시자	문제점/장애요인
①	A	단순정보의존
②	B	과도한 자료수집
③	C	고정관념에 얽매임
④	A, B, C	모두의 문제점을 잘 정리하였다.

정답 ②

해설 B는 과도한 자료수집보다는 철저한 분석의 부족이 문제점이다.

| Q 2 | 다음은 업무수행과정 중 발생한 문제에 대한 상황이다. 이 중 탐색형 문제에 해당하는 사례를 모두 고르시오. (업무수행 중 발생한 문제는 발생형 문제, 탐색형 문제, 설정형 문제, 이렇게 세 가지 유형으로 구분된다.)

(A) 생산부서의 M은 중국에 생산라인을 설치할 때 고려해야 하는 문제가 무엇인지를 판단해야 하는 상황에 처해 있다.

(B) 생산부서의 L에게 생산성을 15% 높이라는 임무가 떨어졌다.

(C) 제조부서의 부장 K에게 제품불량에 대한 고객들의 클레임이 발생했다.

(D) 경쟁사의 품질수준이 자사의 품질수준보다 높다는 신문기사가 발표된 후 자사 상품의 판매부진이 누적되고 있다.

(E) 기획부서의 J에게 자동차 생산 분야로 진출하는 데 있어서 발생 가능한 문제를 파악하라는 지시가 내려왔다.

(F) 자사의 자금흐름이 이대로 두면 문제가 발생할지도 모른다는 판단하에 향후 1년간 제품판매에 따른 자금흐름에 대한 예측이 요구되었다.

① B   ② B, D   ③ A, C, D   ④ D, E, F

정답 ②

| Q 3 | 문제해결을 위해 개인에게 요구되는 기본요소가 <u>아닌</u> 것은?

① 문제해결방법에 대한 지식

② 문제관련 지식에 대한 가용성

③ 체계적인 교육훈련

④ 문제에 대한 기능단위 관점에서의 접근

정답 ④

해설 문제에 대한 체계적인 접근이 요구된다.

| Q 4 | 다음 글에서 김 대리는 어떤 능력이 탁월한가?

회사의 매출액 10%가 줄어들었다. 영업 팀장은 김 대리에게 매출증대 대책을 수립하도록 요청했다. 이에 김 대리는 지역별 매출증감을 조사하였다. 조사 결과 서울은 오히려 매출이 증가하였으나 지방은 10% 이상 감소하였다. 김 대리는 지방의 매출감소 원인을 조사하고 대책을 세우기로 하였다.

① 전략적 사고　　　　　　② 분석적 사고
③ 발상적 사고　　　　　　④ 사실지향적 사고

정답 ②

| Q 5 | 다음 문제해결을 위한 방법에 대한 설명 중 하드 어프로치에 해당하는 방법을 고르시오.

① 논리를 중심으로 사실과 원칙에 근거한 토론을 통해 구성원의 합치점을 찾는다.
② 기업에서 보는 전형적 스타일로서 시사 또는 암시를 통해 의사를 전달한다.
③ 깊이 있는 커뮤니케이션을 통해 서로의 문제점을 이해하고 공감한다.
④ 구성원이 자율적으로 실행하며 제3자가 개입하지 않는 방법이다.

정답 ①

| Q 6 | 가능하면 많은 아이디어를 제안하게 하고 이 아이디어에 연상하여 추가 아이디어를 제창하는 방법은?

① 브레인스토밍　　　　　② Synetics법
③ 체크리스트　　　　　　④ 강제연상법

정답 ①

| Q 7 | 다음 글에서 제시된 정보를 보고 가장 논리적으로 사고하고 판단한 경우를 고르시오.

가전제품을 생산하고 판매하는 W 사에 다음과 같은 정보가 입수되었다.

– 한국과 일본의 대형가전 브랜드 사이에 전자레인지나 에어컨 등 백색 가전제품을 서로 생산하여 제공하는 계획이 확실시되었다.
– 저가격 제품의 대량생산으로 급부상하는 중국 브랜드에 대항하기 위해 각자 자신 있는 제품이나 시장마다 영역을 나누어 국제적인 분업체제를 만들려 한다.
– 한·일 브랜드가 개별 제품마다 제휴하거나 합병한 예는 있지만, 서로 영역을 나눠 공존을 꾀하는 형태의 제휴는 드물다.

① 일본의 가전 브랜드는 국제 경쟁력을 잃고 있구나.
② 한국과 일본의 가전 브랜드에게 중국의 기업은 위협이 되고 있어.
③ 나쁘던 한국과 일본의 사이가 좋아지고 있어.
④ 한국과 일본의 가전 브랜드가 제휴하면서 제조비가 절감되었구나.

정답 ②

| Q 8 | 다음 중 브레인스토밍에 대한 설명으로 적절하지 <u>않은</u> 것은?

① 브레인스토밍 진행 시 주제는 구체적이고 명확하게 정해야 한다.

② 창의적 사고를 위한 발산방법 중 가장 흔히 사용되는 방법이다.

③ 상위직급자를 리더로 선정하여 원활하게 아이디어가 취합되도록 한다.

④ 브레인스토밍 인원은 5~8명 정도로 구성하는 것이 적절하다.

정 답 ③

| Q 9 | 다음은 문제해결절차에 대한 설명이다. 절차 순서가 바르게 작성된 것은?

(A) 당초 장애가 되는 문제의 원인을 해결안을 사용하여 제거해 나가는 단계

(B) 해결해야 할 전체 문제를 파악하여 우선순위를 정하고, 선정문제에 대한 목표를 명확히 하는 단계

(C) 문제로부터 도출된 근본원인을 효과적으로 해결할 수 있는 최적의 해결방안을 수립하는 단계

(D) 파악된 핵심문제에 대한 분석을 통해 근본원인을 도출해 내는 단계

(E) 현상에 대하여 문제를 분해하여 인과관계 및 구조를 파악하는 단계

① (B)-(E)-(D)-(A)-(C)

② (B)-(D)-(E)-(A)-(C)

③ (B)-(C)-(A)-(D)-(E)

④ (B)-(E)-(D)-(C)-(A)

정 답 ④

| Q10 | 다음은 어떤 것과 가장 관계가 있는가?

주유소는 통상 큰길가에 있다. 그러나 경남 밀양의 A 주유소는 고속도로에서 멀리 떨어진 곳에 있지만 매출액은 주변 지역 다른 주유소의 2배 이상이다. A 주유소는 주유소가 도로 옆에 있어야 한다는 일반적 사고를 뛰어넘어 화물트럭 기사를 대상으로 휴식을 제공할 수 있는 넓은 공간을 만들었다. 여기에는 휴식처, 낚시터, 당구장, 샤워시설 등이 있다. 그래서 화물트럭 기사들은 거리가 멀어도 A 주유소에서 기름을 넣는다.

① 내부지향적 사고   ② 발상의 전환

③ 경영목표 설정   ④ 역지사지

정답 ②

마. 면접질문 예시

(1) 지금까지 학교나 사회생활, 또는 조직생활을 하면서 문제라고 인식되는 것에는 어떤 것이 있었습니까? 귀하의 어떤 점이 문제를 인식하는데 도움이 된다고 생각하십니까? 사례를 들어 말씀해 주십시오.

● 현실에 만족하지 않고 지속적으로 개선하고자 하는 문제인식능력을 평가하고자 한다.

● 생활에서 느꼈던 불만이나 목표와 현실의 차이를 이야기하고 불만을 해소하거나 목표와 현실의 차이를 극복한 노력을 설명한다.

● 탐색질문 예시

– 어떤 문제나 상황이었습니까?

– 왜 그것을 문제라고 인식하였습니까?

– 그래서 그 문제에는 어떻게 대처해야 합니까?

– 그때 구체적으로 귀하가 취한 행동은 무엇입니까?

– 결과적으로 상대방의 태도나 행동은 어땠습니까?

– 말씀하신 사례에서 느낀 점이나 학습한 것은 무엇입니까?

● 위 탐색질문을 통하여 면접관은 다음에 있는 행동지표의 실천 여부를 평가한다. 진실한 답변 가운데 다음의 행동지표가 포함되면 높은 평가점수를 받을 수 있다.

행동지표(예)	Check
현재의 상태가 최선인지 생각해 본다.	∨
보다 효과적인 방법은 없는지 고민해 본다.	∨
목표를 세우고 목표와 현재와의 차이를 분석한다.	∨
문제가 있으면 개선하거나 해결해야 한다고 생각한다.	∨
⋮	⋮

(2) 가장 어려웠던 적은 언제였습니까? 그때 귀하는 어떻게 행동하였습니까?

● 문제해결의지와 주도적 행동 여부를 평가하고자 한다.

● 문제를 다른 사람 탓 또는 다른 누군가에게 미루지 않고 직접적이고 주도적으로 해결한 경험을 설명해야 한다.

● 탐색질문 예시

   – 언제 일어난 일입니까?

   – 어떤 문제 혹은 어떤 상황이었습니까?

   – 본인이 느끼기에 어떤 점이 가장 어렵게 느껴졌습니까?

   – 구체적으로 귀하가 취한 행동은 무엇입니까?

   – 그 행동으로 인해 어떠한 변화가 발생했습니까?

– 말씀하신 사례에서 느낀 점이나 학습한 것은 무엇입니까?

● 위 탐색질문을 통하여 면접관은 다음에 있는 행동지표의 실천 여부
를 평가한다. 진실한 답변 가운데 다음의 행동지표가 포함되면 높은
평가점수를 받을 수 있다.

행동지표(예)	Check
문제가 발생하였을 때 주변 환경을 잘 분석한다.	∨
발생한 문제 중에서 우선순위를 고려해서 먼저 해결해야 하는 문제를 찾아낸다.	∨
문제해결을 위해 제시된 대안을 논리적으로 검토한다.	∨
문제를 해결하기 위한 대안이 실제로 실현 가능한지를 고려한다.	∨
문제해결을 위한 방법을 실천하고 그 결과를 평가한다.	∨
⋮	⋮

(3) 귀하가 가장 합리적으로 문제를 해결했다고 생각되는 사례가 있으면
설명하여 주십시오.

● 문제를 해결할 때 다양한 관점을 고려하였는지, 또는 여러 대안 가운
데 현실적인 가능성을 고려하였는지의 경험을 평가하는 질문이다.

● 탐색질문 예시

　– 어떤 문제 혹은 어떤 상황이었습니까?

　– 문제를 해결하기 위해 어떤 해결책을 생각했습니까?

　– 구체적으로 귀하가 취한 행동은 무엇입니까?

　– 상대방은 어떻게 반응했습니까?

　– 결과적으로 어떤 변화가 있었습니까?

　– 말씀하신 사례에서 느낀 점이나 학습한 것은 무엇입니까?

● 위 탐색질문을 통하여 면접관은 다음에 있는 행동지표의 실천 여부를 평가한다. 진실한 답변 가운데 다음의 행동지표가 포함되면 높은 평가점수를 받을 수 있다.

행동지표(예)	Check
문제가 발생하였을 때 주변 환경을 잘 분석한다.	V
발생한 문제 중에서 우선순위를 잘 고려해서 먼저 해결해야 하는 문제를 잘 찾아낸다.	V
문제해결을 위해 제시된 대안을 논리적으로 검토한다.	V
문제를 해결하기 위한 대안이 실제로 실현 가능한지를 고려한다.	V
문제해결을 위한 방법을 실천하고 그 결과를 평가한다.	V
⋮	⋮

6. 자기개발능력 취업대비

가. 자기개발능력이란

자기개발능력은 직업인으로서 자신의 능력, 적성, 특성 등의 이해를 기초로 자기발전목표를 스스로 수립하고 자기관리를 통하여 성취해 나가는 능력을 의미한다. 직업인이 조직 내에서 조직의 목표를 잘 수립하고 달성하기 위해서는 먼저 자기개발능력을 함양해야 한다.

자기개발능력은 자아인식능력, 자기관리능력, 경력개발능력의 세 가지 하위능력으로 구성된다.

:: 표 4.15 자기개발능력의 하위능력

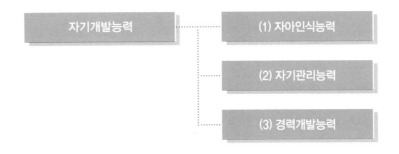

나. 하위능력과 행동지표

(1) 자아인식능력

■ 자아인식능력 정의

자아인식능력은 자신의 흥미, 적성, 특성 등을 이해하고 자기정체감을 확고히 하는 능력이다.

자아인식은 직업생활에서 자신의 요구를 파악하고 자신의 능력 및 기술을 이해하여 자신의 가치를 인식하는 것으로 개인과 팀의 성과를 높이는 데 필수적으로 요구된다. 직업인이 자신의 역량 및 자질을 개발하기 위해서는 자신을 이해하는 것이 선행되어야 한다.

■ 자아인식능력 행동지표

자아인식능력은 네 가지 행동지표로 구성된다. 첫째는 "나는 자아인식이 왜 중요한지에 대하여 설명할 수 있다."이며, 둘째는 "나는 나를 알아가는 여러 가지 방법을 설명할 수 있다."이다. 셋째는 "나는 직업인으로서 나의 장단점, 흥미, 적성 등을 설명할 수 있다."이며, 넷째는 "나는 자아인식에서 자기성찰이 왜 중요한지를 설명할 수 있다."이다.

:: 표 4.16 자아인식능력 행동지표

문항	그렇지 않은 편이다	보통 이다	그런 편이다
나는 자아인식이 왜 중요한지에 대하여 설명할 수 있다.	1	2	3
나는 나를 알아가는 여러 가지 방법을 설명할 수 있다.	1	2	3
나는 직업인으로서 나의 장단점, 흥미, 적성 등을 설명할 수 있다.	1	2	3
나는 자아인식에서 자기성찰이 왜 중요한지를 설명할 수 있다.	1	2	3

〈출처:www.ncs.go.kr〉

(2) 자기관리능력

■ 자기관리능력 정의

자기관리능력은 자신의 행동 및 업무수행을 통제하고 관리하며, 합리적이고 균형적으로 조정하는 능력이다. 자신을 지속적으로 관리하지 않으면 변화하는 환경 속에 적응하지 못하고 도태해 버린다. 따라서 직업인은 자신의 비전에 따라 과제를 발견하고 계획을 세워 자기관리를 수행하며,

내면과 생산성 관리 및 의사결정을 적절히 할 수 있어야 한다.

■ 자기관리능력 행동지표

자기관리능력은 네 가지 행동지표로 구성된다. 첫째는 "나는 직업인으로서 나의 발전목표를 스스로 수립할 수 있다."이며, 둘째는 "나는 나의 내면(인내심, 긍정적인 마음)을 관리할 수 있다."이다. 셋째는 "나는 여러 가지 방법을 활용하여 나의 업무수행 성과를 높일 수 있다."이며, 넷째는 "나는 합리적인 의사결정과정에 따라 의사결정을 할 수 있다."이다.

:: 표 4.17 자기관리능력 행동지표

문항	그렇지 않은 편이다	보통 이다	그런 편이다
나는 직업인으로서 나의 발전목표를 스스로 수립할 수 있다.	1	2	3
나는 나의 내면(인내심, 긍정적인 마음)을 관리할 수 있다.	1	2	3
나는 여러 가지 방법을 활용하여 나의 업무수행 성과를 높일 수 있다.	1	2	3
나는 합리적인 의사결정과정에 따라 의사결정을 할 수 있다.	1	2	3

〈출처:www.ncs.go.kr〉

(3) 경력개발능력

■ 경력개발능력 정의

경력개발능력은 자신의 진로에 대하여 단계적 목표를 설정하고 목표성취에 필요한 역량을 개발해 나가는 능력이다. 현대사회는 경력개발과 관련하여 많은 변화가 있어 왔다. 직업인은 이러한 환경에 대한 이해와 자신에 대한 이해를 바탕으로 자신의 경력단계를 확인하고 이에 따른 경력개발 계획을 수립할 수 있어야 한다.

■ 경력개발능력 행동지표

경력개발능력은 네 가지 행동지표로 구성된다. 첫째는 "나는 경력개발이 무엇인지 설명할 수 있다."이며, 둘째는 "나는 일반적인 경력단계가 어떻게 이루어지는지 설명할 수 있다."이다. 셋째는 "나는 나의 경력개발 단계에 따라 계획을 수립할 수 있다."이며, 넷째는 "나는 경력개발과 관련된 최근의 이슈가 무엇인지 설명할 수 있다."이다.

:: 표 4.18 경력개발능력 행동지표

문항	그렇지 않은 편이다	보통 이다	그런 편이다
나는 경력개발이 무엇인지 설명할 수 있다.	1	2	3
나는 일반적인 경력단계가 어떻게 이루어지는지 설명할 수 있다.	1	2	3
나는 나의 경력개발 단계에 따라 계획을 수립할 수 있다.	1	2	3
나는 경력개발과 관련된 최근의 이슈가 무엇인지 설명할 수 있다.	1	2	3

〈출처:www.ncs.go.kr〉

다. 지원서 작성 예시

(1) 자신의 장단점은 무엇이며, 단점을 극복하기 위해 어떤 노력을 하였는
지 서술해 주십시오.

> * 이 질문은 자기개발능력의 하위능력인 **자아인식능력**을 파악하기 위한 것이다. 따라서 자아
> 인식능력의 행동지표와 관련된 경험이나 행동이 내용에 포함되어야 한다.

(2) 귀하에게 가장 흥미로웠던 경험은 무엇이었습니까? 귀하는 어느 분야
에 흥미가 있습니까?

> * 이 질문은 자기개발능력의 하위능력인 **자아인식능력**을 파악하기 위한 것이다. 따라서 자아
> 인식능력의 행동지표와 관련된 경험이나 행동이 내용에 포함되어야 한다.

(3) 화가 났을 때는 어떻게 행동합니까? 그런 경험이 있으십니까?

> * 이 질문은 자기개발능력의 하위능력인 **자아인식능력**을 파악하기 위한 것이다. 따라서 자아
> 인식능력의 행동지표와 관련된 경험이나 행동이 내용에 포함되어야 한다.

(4) 앞으로 3년, 5년, 그 이후 귀하의 경력개발목표와 단계를 설명할 수 있
으십니까?

> * 이 질문은 자기개발능력의 하위능력인 **자아인식능력**을 파악하기 위한 것이다. 따라서 자아
> 인식능력의 행동지표와 관련된 경험이나 행동이 내용에 포함되어야 한다.

라. 필기시험

| Q 1 | 다음은 세계적으로 유명한 책 '누가 내 치즈를 옮겼을까'의 일부 내용이다. 책에서 등장하는 꼬마인간들의 행동 가운데 현재 직장생활에 비유할 때 적합한 것은?

> 스펜서 존슨이 지은 '누가 내 치즈를 옮겼을까'라는 책을 보면 생쥐 스니프와 스커리, 꼬마인간 허와 헴이 나온다. 이들은 미로 속을 헤맨 끝에 치즈가 가득 찬 창고를 찾아낸다. 생쥐들은 매일 창고를 점검했지만, 꼬마인간들은 맛있는 치즈를 먹는 즐거움에 빠져 정신없이 지낸다.
> 창고가 비어 버리자 생쥐들은 현실을 인정하고 곧 새로운 치즈를 찾아 나서지만 허와 헴은 깜짝 놀라 "누가 내 치즈를 옮겼을까?"라고 소리친다.
> 허는 사태분석이나 기다림이 부질없다고 생각하고 새로운 치즈를 찾아 떠나지만 헴은 "난 늙었고 길을 잃고 헤매기 싫다. 여기 남아서 문제의 원인을 끝까지 파헤치겠다."고 우긴다.

① 허와 헴 모두 옳은 판단을 했다.
② 허와 헴 모두 잘못된 판단을 했다.
③ 허가 옳은 판단을 했다.
④ 헴이 옳은 판단을 했다.

정답 ③

| Q 2 | 다음은 자기개발의 특성에 대한 설명이다. 적합하지 <u>않은</u> 것은?

① 자기개발의 주체는 자기 자신이다.

② 자기개발은 개별적인 과정으로서 목적이나 방향은 개인마다 다르다.

③ 자기개발은 모든 사람이 해야 하는 활동이다.

④ 자기개발은 일을 포함한 취미 등과 관련된 활동이다.

정답 ④

| Q 3 | 다음 빈 칸에 해당하는 A와 B를 개발하는 방법으로 적합하지 <u>않은</u> 것은?

> (A)는 일에 대한 관심이나 재미를 의미하며, (B)이란 개인이 잠재적으로 가지고 있는 재능, 개인이 보다 쉽게 잘할 수 있는 주어진 학습능력을 의미한다. (A)와 (B)는 개인에 따라서 다르기 때문에 각자 관심을 가지고 개발해야 한다.

① 자신을 잘 인식하고 관리하여 문제 상황을 해결한다.

② 일을 할 때 큰 단위로 나누어 거시적인 관점으로 수행한다.

③ 외부요인으로 인한 문제의 경우 그 외부요인을 잘 이해하고 활용하여 개발한다.

④ 자신이 성취한 일을 점검하면서 만족감을 느낀다.

정답 ②

해설 일을 할 때 큰 단위보다 작은 단위로 나누어 수행함으로써 성취도를 높인다.

| Q 4 | 자기개발 목표를 달성하기 위해서 고려해야 할 전략 중 적절하지 <u>않은</u> 것은?

① 보통 장기목표는 5~20년 정도의 목표를 의미한다.

② 단기목표는 장기목표를 이루기 위한 기본 단계이다.

③ 친구, 직장 동료 등과의 관계를 발전시키는 것은 자기개발 목표의 내용이 아니다.

④ 현재 직무를 담당하는 데 필요한 능력과 자신의 수준, 적성 등을 고려하여 자기개발 계획을 수립한다.

정 답 ③

| Q 5 | 다음은 일정을 수립할 때 주의할 사항이다. 옳은 것을 고르시오.

① 우선순위에 따라 중요한 일을 모두 수행할 수 있도록 계획을 세운다.

② 일정은 하루계획-주간계획-월간계획의 순으로 작성한다.

③ 빨리 해결해야 될 긴급한 문제를 중심으로 우선순위를 잡고 계획을 세운다.

④ 월간계획 수립 시 자기개발목표에 초점을 맞추어 진행한다.

정 답 ①

| Q 6 | 다음 성찰에 관련된 설명 중 <u>틀린</u> 것을 고르시오.

① 성찰은 지속적인 연습을 통하여 습관화시켜 나가는 것이 좋다.

② 성찰은 다른 일을 해결할 수 있는 노하우를 축적할 수 있게 해준다.

③ 성찰은 미래에 일어날 일을 미리 파악하여 대비할 수 있게 해준다.

④ 성찰은 창의적인 사고능력의 기회를 제공해 준다.

정답 ③

해설 성찰은 현재의 부족한 부분을 파악하여 보완할 수 있는 기회를 제공해 준다.

| Q 7 | 다음 중 합리적인 의사결정과정의 순서가 올바르게 연결된 것은?

① 정보수집-문제 근원 파악-대안탐색 및 분석-의사결정기준 및 가중치 결정-평가 및 피드백

② 정보수집-문제 근원 파악-의사결정기준 및 가중치 결정-대안탐색 및 분석-평가 및 피드백

③ 문제 근원 파악-정보수집-대안탐색 및 분석-의사결정기준 및 가중치 결정-평가 및 피드백

④ 문제 근원 파악-의사결정기준 및 가중치 결정-정보수집-대안탐색 및 분석-평가 및 피드백

정답 ④

| **Q 8** | 다음은 자기개발의 이유이다. 자기개발의 이유나 목적에 가장 적합하지 <u>않은</u> 것은?

① 업무성과 향상

② 주변 사람들과 인간관계 형성

③ 자신감 확보

④ 남들보다 빠른 승진

정답 ④

| **Q 9** | 다음 글을 읽고 물음에 답하시오.

A 회사에서는 신설부서를 설립하기로 하였다. 기존 부서의 직원들 가운데 7명을 선발하여 신설부서로 이동하고 일부는 신규채용하기로 하였다. 재무팀에 있는 김 대리는 현재 재무회계를 담당하고 있다. 그리고 2년 후에 세무회계를 담당하여 재무회계와 세무회계를 수행할 수 있는 명실상부한 재무팀의 인재가 된다는 계획을 가지고 있다. 그런데 회사에서는 김 대리에게 신설부서로 가서 부서 설립기반 구축과 부서 운영규정 등을 만들어야 한다고 한다.

이 상황에서 김 대리는 어떻게 행동하는 것이 가장 효과적인가?

① 일단 자신이 계획했던 일을 팀장에게 설명하고 회사에서 자신의 계획을 고려해 주도록 요청한다.

② 회사의 방침이니 자신의 계획을 잠시 미룰 수밖에 없다.

③ 자신이 수립한 계획을 실천하지 못하면 경력개발에 큰 지장이 있으므로 회사의 방침을 수용하지 못하겠다고 한다.

④ 상황이 바뀌었으므로 신설부서의 업무에 맞추어 자신의 계획을 다시 수립한다.

정답 ①

| Q10 | 다음 글을 읽고 물음에 답하시오.

A 회사 홍길동 과장은 정말 열심히 일한다. 자신에 부여된 업무는 시간을 지키기 위해 야근도 많이 한다. 상사도 이런 과정을 칭찬한다. 또 최근 업무 트렌드를 이해하기 위하여 자신의 사비를 들여 교육도 받는다. 그런데 점심 때면 항상 혼자서 밥을 먹는다. 또 다른 부서 동료나 부하도 특별한 업무적인 얘기가 아니면 홍 과장과 거리를 유지한다. 그러나 홍 과장은 항상 다른 동료들이 제대로 일을 못한다고 혼잣말로 비난하고 상사에게도 늘 직원들의 성과가 낮다고 얘기한다.

위 사례에서 내가 홍 과장이라면 어떻게 하는 것이 가장 효과적이라 생각하는가?

① 경쟁시대에는 일과 성과가 우선이다. 홍 과장은 잘하고 있다.

② 조직에서 인간관계는 중요하다. 왜 밥을 같이 먹자고 하는 사람이 없는지 생각해 본다.

③ 일을 잘하는 것은 중요하지만 관계도 중요하다. 다른 사람의 입장에서 나에 대해 생각해 보는 시간을 갖는다.

④ 이후 밥을 같이 먹기 위해서 보기 싫어도 점심 약속을 한다. 자주 만나면 좋아질 것을 기대한다.

정답 ③

마. 면접질문 예시

(1) 자신의 장단점은 무엇이며, 단점을 극복하기 위해 어떤 노력을 하였는지 설명하여 주십시오.

- 지원한 업무와 자신의 장단점을 연관시켜 대답하는 것이 좋다.

- 면접관이 다음과 같은 추가질문을 계속할 경우 당황하지 말고 차분히 응답하면 된다. 이때 단점을 극복하기 위하여 얼마나 노력을 했는지가 답변 내용에 포함되어야 한다.

- 탐색질문 예시

  - 단점으로 인해 발생한 문제가 있었습니까? 문제 상황을 말씀해 주십시오.

  - 단점을 극복하기 위하여 귀하는 어떤 노력을 하였습니까?

  - 결과는 어떻게 되었습니까?

  - 극복하기까지 어느 정도 시간이 걸렸습니까?

- 위 탐색질문을 통하여 면접관은 다음에 있는 행동지표의 실천 여부를 평가한다. 진실한 답변 가운데 다음의 행동지표가 포함되면 높은 평가점수를 받을 수 있다.

행동지표(예)	Check
자아인식이 왜 중요한지를 안다.	V
자신을 알아가는 여러 가지 방법을 안다.	
직업인으로서 자신의 장단점을 설명할 수 있다.	V

자아인식에서 자기성찰이 왜 중요한지를 안다.	V
⋮	⋮

(2) 귀하에게 가장 흥미로웠던 경험은 무엇이었습니까? 귀하는 어디에 흥미가 있습니까?

● 겪었던 일 중 가장 흥미로웠던 일을 떠올려 본다. 간접적 · 직접적 상황 등 자신의 경험을 회상해 보면서 구체적으로 설명하여야 한다.

● 면접관이 다음과 같은 추가질문을 계속할 경우 당황하지 말고 차분히 응답하면 된다. 이때 왜 흥미를 느꼈는지 또한 흥미로운 일을 겪음으로써 어떤 변화가 있었는지가 답변 내용에 포함되어야 한다.

● 탐색질문 예시

– 흥미롭게 느꼈던 일의 구체적인 상황을 말씀하여 주십시오.

– 왜 흥미를 느꼈습니까?

– 그 일이 있고 나서 귀하에게 끼친 영향 또는 변화된 점이 있습니까?

● 위 탐색질문을 통하여 면접관은 다음에 있는 행동지표의 실천 여부를 평가한다. 진실한 답변 가운데 다음의 행동지표가 포함되면 높은 평가점수를 받을 수 있다.

행동지표(예)	Check
자아인식이 왜 중요한지를 안다.	V
자신을 알아가는 여러 가지 방법을 안다.	
직업인으로서 자신의 흥미·적성 등을 설명할 수 있다.	V
⋮	⋮

(3) 화가 났을 때는 어떻게 행동합니까? 그런 경험이 있으십니까?

- 경험했던 갈등 상황과 그 당시의 행동을 기억하여 떠올려 본다. 가족관계, 친구와의 관계, 진로 선택 등과 관련하여 자신이 겪었던 기억을 되짚어 보면서 구체적으로 설명하여야 한다.

- 면접관이 다음과 같은 추가질문을 계속한다면 당황하지 말고 차분히 응답하면 된다. 이때 상대방의 생각을 듣고 배려했는지 또한 갈등을 해소하기 위하여 얼마나 노력을 했는지가 답변 내용에 포함되어야 한다.

- 탐색질문 예시

  - 구체적인 갈등 상황을 말씀하여 주십시오.

  - 왜 그러한 행동을 하였습니까?

  - 상대방의 반응은 어떠했습니까?

  - 결과는 어떻게 되었습니까?

- 위 탐색질문을 통하여 면접관은 다음에 있는 행동지표의 실천 여부를 평가한다. 진실한 답변 가운데 다음의 행동지표가 포함되면 높은 평가점수를 받을 수 있다.

행동지표(예)	Check
자신의 내면(인내심, 긍정적인 마음)을 관리할 수 있다.	∨
자신의 감정을 통제할 수 있다.	∨
합리적인 의사결정과정에 따라 의사결정을 할 수 있다.	∨
⋮	⋮

(4) 앞으로 3년, 5년, 그 이후 자신의 경력개발목표와 단계를 설명할 수 있으십니까?

- 탐색질문 예시

  – 본인의 목표로 회사에 어떻게 기여할 수 있습니까?

  – 만약 회사에서 원하는 목표와 다른 직무를 준다면 어떻게 하시겠습니까?

- 위 탐색질문을 통하여 면접관은 다음에 있는 행동지표의 실천 여부를 평가한다. 진실한 답변 가운데 다음의 행동지표가 포함되면 높은 평가점수를 받을 수 있다.

행동지표(예)	Check
자신의 경력목표가 무엇인지 안다.	V
일반적인 경력단계가 어떻게 이루어지는지 설명할 수 있다.	
자신의 경력개발 단계에 따라 경력계획을 수립하고 있다.	V
자신의 경력개발과 관련된 최근의 이슈가 무엇인지 안다.	V
⋮	⋮

7. 자원관리능력 취업대비

가. 자원관리능력이란

자원관리능력은 직장생활에서 시간, 예산, 물적자원, 인적자원 등의 자원 가운데 무엇이 얼마나 필요한지를 확인하고, 사용할 수 있는 자원을 최대한 확보하여 실제 업무에 어떻게 활용할 것인지에 대한 계획을 수립하고, 계획에 따라 확보한 자원을 효율적으로 활용하여 관리하는 능력이다. 직업인이 개인이나 조직의 업무성과를 높이기 위해서는 자원을 적절하게 관리할 수 있는 능력이 필수적이다.

자원관리능력은 시간관리능력, 예산관리능력, 물적자원관리능력, 인적자원관리능력의 하위능력으로 구성된다.

:: 표 4.19 자원관리능력의 하위능력

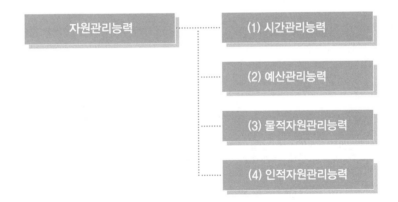

나. 하위능력과 행동지표

(1) 시간관리능력

■ 시간관리능력 정의

시간관리능력은 기업활동에서 필요한 시간자원을 파악하고 사용할 수 있는 시간자원을 최대한 확보하여 실제 업무에 어떻게 활용할 것인지에 대한 시간계획을 수립하며, 이에 따라 시간을 효율적으로 활용하여 관리하는 능력을 의미한다. 오늘날 우리는 무한경쟁 시대에 살고 있기 때문에 누가 더 빨리 일을 해낼 수 있는지, 한정된 시간에 얼마나 많은 일을 할 수 있는지가 중요하게 여겨지므로 시간관리능력 향상은 필수적이다.

■ 시간관리능력 행동지표

시간관리능력은 네 가지 행동지표로 구성된다. 첫째는 "나는 시간의 개념 및 특성에 대하여 설명할 수 있다."이며, 둘째는 "나는 시간관리의 중요성에 대하여 설명할 수 있다."이다. 셋째는 "나는 시간낭비 요인을 설명할 수 있다."이며, 넷째는 "나는 효과적으로 시간계획을 세울 수 있다."이다.

:: 표 4.20 시간관리능력 행동지표

문항	그렇지 않은 편이다	보통 이다	그런 편이다
나는 시간의 개념 및 특성에 대하여 설명할 수 있다.	1	2	3
나는 시간관리의 중요성에 대하여 설명할 수 있다.	1	2	3
나는 시간낭비 요인을 설명할 수 있다.	1	2	3
나는 효과적으로 시간계획을 세울 수 있다.	1	2	3

〈출처:www.ncs.go.kr〉

(2) 예산관리능력

■ 예산관리능력 정의

예산관리능력은 기업 활동에서 필요한 예산을 파악하고 사용할 수 있는 예산을 최대한 확보하여 실제 업무에 어떻게 집행할 것인지에 대한 예산 계획을 수립하며, 이에 따른 예산을 효율적으로 집행하여 관리하는 능력을 의미한다. 한정된 예산을 효율적으로 사용하여 최대한의 성과를 낼 수 있느냐가 중요하게 여겨지는 만큼 예산관리능력은 모든 직업인에게 필수적으로 요구된다.

■ 예산관리능력 행동지표

예산관리능력은 다섯 가지 행동지표로 구성된다. 첫째는 "나는 예산관리의 개념을 설명할 수 있다."이며, 둘째는 "나는 예산관리의 중요성을 설명할 수 있다."이다. 셋째는 "나는 예산의 구성요소를 설명할 수 있다."이며, 넷째는 "나는 예산수립에 효과적인 방법을 설명할 수 있다."이다. 다섯째는 "나는 일상생활에서 나에게 주어진 예산을 효율적으로 관리할 수 있다."이다.

　가장 중요한 행동지표는 넷째와 다섯째이다. 즉 "나는 예산수립에 효과적인 방법을 설명할 수 있다."와 "나는 일상생활에서 나에게 주어진 예산을 효율적으로 관리할 수 있다."이다.

:: 표 4.21 예산관리능력 행동지표

문항	그렇지 않은 편이다	보통 이다	그런 편이다
나는 예산관리의 개념을 설명할 수 있다.	1	2	3
나는 예산관리의 중요성을 설명할 수 있다.	1	2	3
나는 예산의 구성요소를 설명할 수 있다.	1	2	3

(계속)

나는 예산수립에 효과적인 방법을 설명할 수 있다.	1	2	3
나는 일상생활에서 나에게 주어진 예산을 효율적으로 관리할 수 있다.	1	2	3

〈출처:www.ncs.go.kr〉

(3) 물적자원관리능력

■ 물적자원관리능력 정의

물적자원관리능력은 기업 활동에서 필요한 물적자원을 파악하고 사용할 수 있는 물적자원을 최대한 확보하여 실제 업무에 어떻게 활용할 것인지에 대한 계획을 수립하며, 이에 따른 물적자원을 효율적으로 활용하여 관리하는 능력을 의미한다. 산업의 고도화와 함께 매우 다양한 물적자원들이 활용되고 있는데 이를 필요한 시기와 장소에 활용하는 것은 매우 중요하다.

■ 물적자원관리능력 행동지표

물적자원관리능력은 다섯 가지 행동지표로 구성된다. 첫째는 "나는 물적자원의 종류를 설명할 수 있다."이며, 둘째는 "나는 물적자원관리의 중요성을 설명할 수 있다."이다. 셋째는 "나는 물적자원 활용의 방해요인을 설명할 수 있다."이며, 넷째는 "나는 효과적인 물적자원관리 과정을 설명할 수 있다."이다. 다섯째는 "나는 다양한 기법을 활용하여 물적자원을 관리할 수 있다."이다.

　물적자원관리능력에서 중요한 행동지표는 셋째와 다섯째이다. 즉 "나는 물적자원 활용의 방해요인을 설명할 수 있다."와 "나는 다양한 기법을 활용하여 물적자원을 관리할 수 있다."이다.

문항	그렇지 않은 편이다	보통 이다	그런 편이다
나는 물적자원의 종류를 설명할 수 있다.	1	2	3
나는 물적자원관리의 중요성을 설명할 수 있다.	1	2	3
나는 물적자원 활용의 방해요인을 설명할 수 있다.	1	2	3
나는 효과적인 물적자원관리 과정을 설명할 수 있다.	1	2	3
나는 다양한 기법을 활용하여 물적자원을 관리할 수 있다.	1	2	3

〈출처:www.ncs.go.kr〉

(4) 인적자원관리능력

■ 인적자원관리능력 정의

인적자원관리능력은 기업활동에서 필요한 인적자원(근로자의 기술, 능력, 업무 등)을 파악하고 동원할 수 있는 인적자원을 최대한 확보하여 실제 업무에 어떻게 배치할 것인지에 대한 예산계획을 수립하고, 이에 따른 인적자원을 효율적으로 배치하여 관리하는 능력을 의미한다. 무형의 자산이라고 할 수 있는 인적자원에 대한 관리는 기업 및 개인적 차원에서도 경쟁력을 갖추기 위한 결정적인 역할을 한다.

■ 인적자원관리능력 행동지표

인적자원관리능력은 네 가지 행동지표로 구성된다. 첫째는 "나는 인적자원의 개념과 의미를 설명할 수 있다."이면, 둘째는 "나는 인적자원관리의 중요성을 설명할 수 있다."이다. 셋째는 "나는 개인 차원에서의 효과적인 인적자원관리 방법을 설명할 수 있다."이며, 넷째는 "나는 팀 작업에서의 효과적인 인적자원관리 방법을 설명할 수 있다."이다.

중요한 행동지표는 셋째 "나는 개인차원에서의 효과적인 인적자원관리 방법을 설명할 수 있다."와 넷째 "나는 팀 작업에서의 효과적인 인적자원관리 방법을 설명할 수 있다."이다.

:: **표 4.23** 인적자원관리능력 행동지표

문항	그렇지 않은 편이다	보통 이다	그런 편이다
나는 인적자원의 개념과 의미를 설명할 수 있다.	1	2	3
나는 인적자원관리의 중요성을 설명할 수 있다.	1	2	3
나는 개인 차원에서의 효과적인 인적자원관리 방법을 설명할 수 있다.	1	2	3
나는 팀 작업에서의 효과적인 인적자원관리 방법을 설명할 수 있다.	1	2	3

〈출처 : www.ncs.go.kr〉

다. 지원서 작성 예시

(1) 어떤 일을 직접 수행하기보다 자원을 효과적으로 활용한 경험이 있다
면 작성해 주십시오.

> * 이 질문은 **자원관리의 중요성**을 인식하고 **자원**을 **활용**하고 있는지를 확인하는 것이다. 따라서
> '자원의 중요성을 안다는 것'과 '여러 가지 자원을 상황에 따라 활용한 경험'에 중점을 두고
> 기술하여야 한다.

(2) 새로운 방법이나 도구를 활용하여 시간을 단축한 적이 있으십니까?

> * 이 질문은 **시간관리능력**을 확인하는 것이다. 따라서 시간관리능력 행동지표와 관련된 내용
> 이 포함되도록 작성되어야 한다.

(3) 일정하게 제한된 자원을 이용하여 효과나 결과를 이전보다 확대한 경험이 있으시면 기록하십시오.

> * 이 질문은 **예산관리능력**을 확인하는 것이다. 따라서 예산관리능력 행동지표와 관련된 내용이 포함되도록 작성되어야 한다.

(4) 효과적인 시간관리를 위하여 귀하만이 사용하는 특유의 기법이 있다면 무엇입니까?

> * 이 질문은 **시간관리능력**을 확인하는 것이다. 따라서 시간관리능력 행동지표와 관련된 내용이 포함되도록 작성되어야 한다.

라. 필기시험

| Q 1 | 시간관리에서 긴급한 것보다 중요한 것을 먼저 해야 하는 이유는?

① 최단시간에 명확한 목표를 설정하기 위해서이다.

② 심리적인 압박감을 줄이기 위해서이다.

③ 결과와 연관되며 사명과 가치관, 목표에 크게 기여하기 때문이다.

④ 시간계획서를 작성할 때 더 편리하기 때문이다.

정답 ③

| Q 2 | 자원관리에 대한 설명으로 가장 거리가 <u>먼</u> 것을 고르시오.

① 실제 업무수행 시에는 활동단위로 쪼개어 시간, 예산, 물적 · 인적자원 등을 파악한다.

② 업무추진에 필요한 양만큼 자원을 확보한다.

③ 최종목적을 고려하여 우선순위를 두고 자원활용계획을 세우는 것이 필요하다.

④ 계획에 수정사항이 발생할 경우 전체 계획에 미칠 수 있는 영향을 고려하여야 한다.

정답 ②

해설 자원수집 시 가능한 한 필요량보다 좀 더 여유 있게 확보하는 것이 안전하다.

| Q 3 | 예산관리에 대한 설명으로 옳은 것을 고르시오.

① 예산관리는 최대의 비용으로 최소의 효과를 얻기 위해 요구된다.

② 예산관리에서 책정 비용과 실제 비용의 차이가 클수록 이상적이다.

③ 예산관리는 예산편성, 활동이나 사업에 소요되는 비용산정, 예산통제 모두를 포함한다.

④ 예산관리는 무조건 비용을 적게 들일수록 좋다.

정답 ③

| Q 4 | 제품생산 또는 서비스창출을 위한 비용으로 일반적으로 인건비, 재료비, 시설비 등으로 구분되는 이것은 무엇인가?

① 간접비용

② 직접비용

③ 과업비용

④ 도구비용

정답 ②

| Q 5 | A 부서에서 2분기 프로젝트를 맡게 되어 예산을 책정받아 프로젝트 개발에 필요한 기자재를 구입하여 운영하고자 한다. 이때 고려해야 할 사항으로 옳지 <u>않은</u> 것은?

① 구매하려는 기자재의 활용 및 구입의 목적을 명확히 한다.

② 구입 후 기자재의 분실 및 훼손을 방지하기 위해 책임관리자를 지정한다.

③ 적절한 장소에 보관하여 기자재가 필요할 때 적재적소에 활용될 수 있도록 한다.

④ 예산을 기한 내 모두 집행하기 위해 향후 필요할 것으로 예상되는 기자재를 일단 구입한다.

정답 ④

| Q 6 | 다음 중 효율성과 합리성을 위한 인사관리 원칙이 <u>아닌</u> 것을 고르시오.

① 적재적소 배치의 원리

② 공정 보상의 원칙

③ 근로자 만족의 원칙

④ 단결의 원칙

정답 ③

| Q 7 | 다음 글에서 볼 수 있듯이 팀 단위의 작업수행은 다양한 문제가 발생할 소지가 많다.

- 정보기술 기업에서 일하는 기획팀 김 팀장(45)은 남모를 고민을 가지고 있다. 자신의 팀원들은 평소엔 의욕을 가지고 열심히 일하지만, 정작 중요한 회의에서 의사결정을 위한 명확한 답을 제시하지 못하고 있어 답답하다. 팀원들이 제시하는 의견에 문제가 많다고 느끼지만 김 팀장 역시 의사결정 과정의 어떤 부분에 문제가 생기고 있는 것인지 정확히 파악할 수 없어 회의 때마다 진행에 어려움을 겪고 있다.
- 올 초 새내기 팀장이 된 S 사 오 씨(38)는 조직에서 샌드위치 신세를 벗어나기 위해 다양한 시도를 한 결과 팀장리더십에 관한 교육을 제일로 꼽았다. 그는 팀원관리를 위해 여러 서적을 읽었지만 이를 현실에 적용시키기에는 어려움만 뒤따랐다.

다음 중 효과적인 인력배치를 위한 방법으로 가장 거리가 먼 것을 고르시오.

① 팀원의 능력과 성격에 가장 적합한 작업이나 직무에 팀원을 배치시킨다.
② 팀원의 능력과 실적에 상응하는 보상을 주고, 팀원의 능력을 개발하고 양성한다.
③ 팀원의 잠재력을 자극하도록 인정하고 칭찬한다.
④ 모든 팀원에 대해 평등한 적재적소를 고려하여 균형성을 맞추어야 한다.

정답 ③

| Q 8 | 목표설정을 위한 SMART 법칙에 대한 설명으로 맞는 것을 고르시오.

① S는 구체적으로 목표를 설정하는 것을 의미한다.

② M은 현실성 있게 목표를 설정하는 것을 의미한다.

③ A는 측정 가능하도록 목표를 설정하는 것을 의미한다.

④ T는 행동 지향적으로 목표를 설정하는 것을 의미한다.

정 답 ①

| Q 9 | 목표는 SMART 법칙에 따라 설정하여야 한다. SMART 법칙과 일치하지 <u>않는</u> 것은?

① Specific : 나는 일주일에 2번 운동을 한다.

② Measurable : 나는 매출을 10% 올리겠다.

③ Action−oriented : 부모님을 생각하는 자식이 되겠다.

④ Time bound : 5월에 둘 이상의 신규 고객을 개발한다.

정 답 ③

| Q10 | 다음 중 자원 낭비요인의 공통적인 특성에 해당하지 <u>않는</u> 것은?

① 즉흥적이고 비계획적인 행동

② 편리함의 추구

③ 자신이 가진 자원에 대한 인식

④ 자원관리에 대한 경험과 노하우 부족

정 답 ③

마. 면접질문 예시

(1) 어떤 일을 직접 수행하기보다 자원을 효과적으로 활용한 경험이 있다면 설명해 보십시오.

- 직접 할 수 있지만 주변 자원을 활용하여 더 효과적으로 수행했는지의 여부를 평가한다.

- 주변의 자원(인적, 물적) 활용 경험을 떠올리고 설명한다.

- 탐색질문 예시

  - 어떤 일을 수행하는 상황이었습니까?

  - 어떤 자원을 활용하여 일을 수행하였는지 구체적으로 말씀해 주십시오.

  - 직접 수행하는 방법을 택하지 않은 이유는 무엇입니까?

  - 말씀하신 사례에서 느낀 점이나 학습한 것은 무엇입니까?

- 위 탐색질문을 통하여 면접관은 다음에 있는 행동지표의 실천 여부를 평가한다. 진실한 답변 가운데 다음의 행동지표가 포함되면 높은 평가점수를 받을 수 있다.

행동지표(예)	Check
자원관리의 중요성을 안다.	∨
효과적인 자원관리 과정을 알고 있다.	∨
효과적으로 시간계획을 세울 수 있다.	∨
⋮	⋮

(2) 새로운 방법이나 도구를 활용하여 시간을 단축한 적이 있으십니까?

● 일의 효율을 올리기 위하여 활용 가능한 물적자원, 또는 새로운 방법 등의 활용 여부를 평가한다.

● 탐색질문 예시

– 어떤 문제나 상황이었습니까?

– 구체적으로 귀하가 취한 행동은 무엇입니까?

– 새로운 방법이나 도구를 활용하고자 한 이유는 무엇입니까?

– 말씀하신 사례에서 느낀 점이나 학습한 것은 무엇입니까?

● 위 탐색질문을 통하여 면접관은 다음에 있는 행동지표의 실천 여부를 평가한다. 진실한 답변 가운데 다음의 행동지표가 포함되면 높은 평가점수를 받을 수 있다.

행동지표(예)	Check
물적자원관리의 중요성에 대해서 알고 있다.	V
자원의 효율적 관리를 위한 방법을 알고 있다.	V
다양한 기법을 활용하여 물적자원을 관리할 수 있다.	V
⋮	⋮

(3) 일정하게 제한된 자원을 이용하여 효과나 결과를 이전보다 확대한 경험이 있습니까?

● 예산은 제한되어 있다. 제한된 예산 범위 내에서 원하는 일을 하기 위한 예산계획수립 또는 예산 범위 안에서 일을 진행한 경험 등을 설명한다.

● 탐색질문 예시

　－ 어떤 문제나 상황이었습니까?

　－ 구체적으로 귀하가 취한 행동은 무엇입니까?

　－ 말씀하신 사례에서 느낀 점이나 학습한 것은 무엇입니까?

● 위 탐색질문을 통하여 면접관은 다음에 있는 행동지표의 실천 여부를 평가한다. 진실한 답변 가운데 다음의 행동지표가 포함되면 높은 평가점수를 받을 수 있다.

행동지표(예)	Check
예산관리의 개념을 안다.	∨
예산관리의 중요성을 안다.	
예산의 구성요소를 알고 있다.	∨
예산수립에 효과적인 방법을 안다.	∨
일상생활에서 나에게 주어진 예산을 효율적으로 관리할 수 있다.	
⋮	⋮

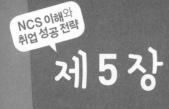

제 5 장

직업기초능력별 취업대비(2)

: 입사지원서 작성, 필기시험, 면접 예상 질문

1. 대인관계능력 취업대비

가. 대인관계능력이란

조직은 다양한 배경을 가진 여러 사람으로 구성된 모임이다. 따라서 나와 다른 특성을 가진 사람들과 원만한 관계를 형성하는 것이 조직생활의 첫 번째이다. NCS에서는 대인관계능력을 다음과 같이 정의하고 있다.

"대인관계능력은 직장생활에서 협조적인 관계를 유지하고 조직구성원들에게 도움을 줄 수 있으며, 조직내부 및 외부의 갈등을 원만히 해결하고 고객의 요구를 충족시켜 줄 수 있는 능력을 의미한다. 직업인이 조직 내에서 조직구성원으로서 원만한 관계를 유지하여 자신의 역할을 충실히 수행하기 위해서는 대인관계능력의 함양이 필수적이다."

또 대인관계능력은 팀워크능력, 리더십능력, 갈등관리능력, 협상능력, 고객서비스능력의 다섯 가지 하위능력으로 구성된다.

:: 표 5.1 대인관계능력의 하위능력

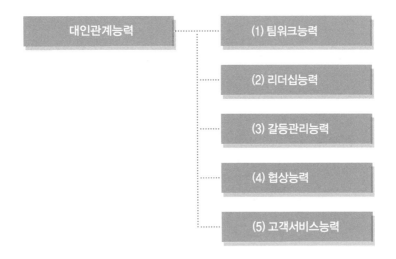

나. 하위능력과 행동지표

대인관계능력은 팀워크능력, 리더십능력, 갈등관리능력, 협상능력, 고객서비스능력의 다섯 가지 하위능력으로 구성된다. 중요한 것은 각 하위능력에 대한 구체적인 행동지표이다. 하위능력은 구체적으로 어떤 행동으로 구성되는지를 인식하여 실제 이런 행동경험을 쌓는 것이 중요하다.

(1) 팀워크능력

■ 팀워크능력 정의

현대와 같이 경쟁이 치열한 환경에서 팀워크를 개발하고 지속시키는 일은 매우 중요하다. 실제로 조직이 생존에 급급할지 또는 여유롭게 성장과 발전을 구가할지의 여부는 팀을 효과적으로 운영하는 데 달려있다. 이때 모든 구성원이 조직의 주인으로서 사고하고 결정을 내리는 것은 매우 중요한 요건이다. 팀원 각자는 자신을 유용한 자원이라고 인식하고 고품질 팀을 창조하기 위해 팀워크능력의 향상이 필수적이다.

■ 팀워크능력 행동지표

팀워크능력은 네 가지 행동지표로 구성된다. 첫째는 "나는 팀 구성원들과 효과적으로 의사소통한다."이고, 둘째는 "나는 팀의 규칙 및 규정을 준수한다."이다. 그리고 셋째는 "나는 팀 내에서 나에게 주어진 업무를 성실하게 수행한다."이고 넷째는 "나는 팀의 목표달성에 필요한 자원, 시간을 파악하고 있다."이다.

　여기서 가장 중요한 행동지표는 첫째 "나는 팀 구성원들과 효과적으로 의사소통한다."와 "나는 팀의 규칙 및 규정을 준수한다."이다. 이 두 가지가 결여되었을 때 팀워크는 구축될 수 없으며 팀은 응집력이 없는 단순한 집단으로 전락한다.

문항	그렇지 않은편 이다	보통 이다	그런편 이다
나는 팀 구성원들과 효과적으로 의사소통한다.	1	2	3
나는 팀의 규칙 및 규정을 준수한다.	1	2	3
나는 팀 내에서 나에게 주어진 업무를 성실하게 수행한다.	1	2	3
나는 팀의 목표달성에 필요한 자원과 시간을 파악하고 있다.	1	2	3

〈출처:www.ncs.go.kr〉

(2) 리더십능력

■ 리더십능력 정의

리더십이 신비롭고 무언가 특별할 것이라는 생각은 잘못된 것이다. 리더십은 카리스마와는 아무 관련이 없으며, 타고난 성격과도 무관하다. 또한 선택받은 소수만이 가질 수 있는 특권도 아니다. 조직을 둘러싸고 있는 다양한 기능을 효율적으로 다루는 것이 관리이다. 반면 리더십은 변화에 대처하는 것이다. 특히 최근과 같이 급변하는 환경에서는 리더십능력의 함양은 필수적이다.

■ 리더십능력 행동지표

리더십능력은 다섯 가지 행동지표로 구성된다. 첫번째는 "나는 조직구성원들을 동기화할 수 있다."이고, 둘째는 "나는 리더의 행동 특성에 맞는 행동을 한다."이다. 그리고 셋째는 "나는 조직성과를 향상시키기 위한 전략을 제시한다."이고 넷째는 "나는 수시로 조직구성원에게 코칭을 활용한다."이다. 마지막 다섯 째는 "나는 앞장서서 바람직한 변화를 선도한다."이다.

리더십능력에서 가장 중요한 행동지표는 첫 번째 "나는 조직구성원들을 동기화할 수 있다."와 나섯 번째 "나는 앞장서서 바람직한 변화를 선도

한다."라고 할 수 있다. 리더십이란 꼭 상사가 부하에게 하는 행동은 아니다. 리더십은 계층에 관계없이 누군가에게 영향력을 행사하는 것을 말한다. 따라서 다른 사람에 무엇인가 하도록 관심을 갖게 하거나 의욕을 불러일으키는 것이 중요하다. 여기에는 상사도 포함될 수 있다. 또 다른 사람들에게 변화의 필요성을 인식하게 하고 이를 선도하는 것이 중요하다. 항상 어떤 상황에서도 다른 사람에게 영향력을 줄 수 있는 사람이 되어야 하고 이런 경험을 하도록 노력하여야 한다.

:: **표 5.3** 리더십능력 행동지표

문항	그렇지 않은편 이다	보통 이다	그런편 이다
나는 조직구성원들을 동기화할 수 있다.	1	2	3
나는 리더의 행동 특성에 맞는 행동을 한다.	1	2	3
나는 조직성과를 향상시키기 위한 전략을 제시한다.	1	2	3
나는 수시로 조직구성원에게 코칭을 활용한다.	1	2	3
나는 앞장서서 바람직한 변화를 선도한다.	1	2	3

〈출처:www.ncs.go.kr〉

(3) 갈등관리능력

■ 갈등관리능력 정의

목표를 달성하기 위해 노력하는 조직이라면 갈등은 항상 일어나기 마련이다. 갈등이 해결되지 않고 방치된다면 조직의 발전을 저해할 수 있지만, 잘 관리한다면 합리적인 의사결정을 이끌어 낼 수 있다. 갈등의 원인을 파악하고 갈등의 영향을 받은 조직구성원들과 함께 문제를 능동적으로 해결하기 위해서는 갈등관리능력의 함양이 필수적이다.

■ 갈등관리능력 행동지표

갈등관리능력은 네 가지 행동지표로 구성된다. 첫째는 "나는 타인과 의견 차이가 있을 때 원인을 파악한다."이고, 둘째는 "나는 타인과 대화할 때 생각과 가치관을 배려한다."이다. 그리고 셋째는 "나는 타인과의 갈등을 줄이기 위해 노력한다."이고 넷째는 "나는 타인과의 갈등을 조절할 수 있는 방법을 활용한다."이다.

여기서 가장 중요한 행동지표는 두 번째인 "나는 타인과 대화할 때 생각과 가치관을 배려한다."와 세 번째인 "나는 타인과의 갈등을 줄이기 위해 노력한다."이다. 결국 갈등관리는 나와 다른 생각을 하거나 다른 가치관을 가지고 있는 상대를 인정하고 상대를 설득하거나 내 생각을 바꾸는 것이다. 결국 갈등이 발생했을 경우 위 행동지표에 있는 노력을 하여야 한다. 면접관은 지원자의 이런 행동을 질문을 통하여 평가한다.

::표 5.4 갈등관리능력 행동지표

문항	그렇지 않은편 이다	보통 이다	그런편 이다
나는 타인과 의견 차이가 있을 때 원인을 파악한다.	1	2	3
나는 타인과 대화할 때 생각과 가치관을 배려한다.	1	2	3
나는 타인과의 갈등을 줄이기 위해 노력한다.	1	2	3
나는 타인과의 갈등을 조절할 수 있는 방법을 활용한다.	1	2	3

〈출처:www.ncs.go.kr〉

(4) 협상능력

■ 협상능력 정의

미국의 학자 코헨이 "세상은 거대한 협상 테이블이며 우리는 모든 것을 협상할 수 있다."라고 말한 데서 알 수 있듯이, 우리의 생활은 협상의 연속이며, 협상을 통해 의사결정을 하게 된다. 협상은 시 · 공간을 초월하여 끊임없이 발생하고 있으며 가정에서, 회사에서, 정부에서 또는 국가에서 어느 시간, 어느 공간에서도 전개될 수 있다. 특히 상사와 부하 사이에서 끊임없이 의사결정을 해야 하는 직업인에게 협상능력의 함양은 필수적 이다.

■ 협상능력 행동지표

협상능력은 네 가지 행동지표로 구성된다. 첫째는 "나는 대화 시 쟁점 사항이 무엇인지 파악한다."이고, 둘째는 "나는 대화 시 상대방의 핵심 요구사항을 파악한다."이다. 그리고 셋째는 "나는 대화 시 상대방을 설 득하기 위해서 노력한다."이고 넷째는 "나는 협상할 때 사전에 전략을 수립한다."이다.

여기서 가장 중요한 행동지표는 둘째 "나는 대화 시 상대방의 핵심요구 사항을 파악한다."와 셋째 "나는 대화 시 상대방을 설득하기 위해서 노력 한다."이다. 이 두 가지가 결여되었을 때 상대방과의 효과적인 협상이 이 루어질 수 없다. 협상이 성공적으로 달성되지 않을 경우 의도했던 거래나 성과는 달성될 수 없다.

:: **표 5.5** 협상능력 행동지표

문항	그렇지 않은편 이다	보통 이다	그런편 이다
나는 대화 시 쟁점사항이 무엇인지 파악한다.	1	2	3
나는 대화 시 상대방의 핵심요구사항을 파악한다.	1	2	3
나는 대화 시 상대방을 설득하기 위해서 노력한다.	1	2	3
나는 협상할 때 사전에 전략을 수립한다.	1	2	3

〈출처:www.ncs.go.kr〉

(5) 고객서비스능력

■ 고객서비스능력 정의

요즘 고객들은 기업에 대한 만족의 조건으로 서비스를 매우 중요하게 생각한다. 그러므로 고객서비스는 기업의 생존을 위해 필수적이라고 할 수 있다. 고객서비스란 다양한 고객의 요구를 파악하고 대응법을 마련하여 고객에게 양질의 서비스를 제공하는 것을 의미한다.

■ 고객서비스능력 행동지표

고객서비스능력은 세 가지 행동지표로 구성된다. 첫째는 "나는 고객의 유형에 따라서 대응한다."이고, 둘째는 "나는 고객의 요구를 수시로 파악한다."이다. 그리고 셋째는 "나는 고객의 불만사항을 해결하려 노력한다."이다.

여기서 중요한 것은 고객이 이해하지 못할 어떤 행동을 하더라도 직접 대립하여 싸우거나 논쟁을 벌여서는 안 된다는 것이다. 일단 고객의 화를 누그러뜨리는 것이 중요하다. 이를 위하여 먼저 화나게 해서 죄송하다고 용서를 구해야 한다. 그리고 불만사항이나 요구를 해결하도록 노력해야 한다.

:: **표 5.6** 고객서비스능력 행동지표

문항	그렇지 않은편 이다	보통 이다	그런편 이다
나는 고객의 유형에 따라서 대응한다.	1	2	3
나는 고객의 요구를 수시로 파악한다.	1	2	3
나는 고객의 불만사항을 해결하려 노력한다.	1	2	3

〈출처:www.ncs.go.kr〉

다. 지원서 작성 예시

(1) 기억에 남는 갈등 상황과 이를 극복한 경험 사례를 서술하십시오.

> * 이 질문은 **갈등관리능력**을 확인하는 것이다. 따라서 갈등관리능력의 행동지표와 관련된 경험이 포함되어 서술되어야 한다.

(2) 친구와 대화 중 의견 차이가 발생했을 경우 귀하가 취하는 행동 또는 해결방법 등을 설명해 보십시오.

> * 이 질문은 **협상능력**을 확인하는 것이다. 따라서 협상능력의 행동지표와 관련된 경험이 포함되어 서술되어야 한다.

(3) 본인의 대인관계능력을 생각해 보고 가장 효과적으로 그 능력을 사용했던 경험에 대해 작성해 보십시오.

* 이 질문은 **대인관계능력** 가운데 어떤 능력을 가장 선호하는가에 대한 질문이다.

(4) 지금까지 학교 또는 사회생활 경험 중 다른 사람에게 영향을 미쳤던 경험이 있으면 상세히 서술해 보십시오.

* 이 질문은 **리더십능력**을 확인하는 것이다. 따라서 리더십능력의 행동지표와 관련된 경험을 포함하여 서술해야 한다.

라. 필기시험

| Q 1 | 아래 글을 읽고 두 부서 간의 갈등을 어떻게 해결하여야 할지 답해 보시오.

> 영업팀과 재무팀은 서로 자기부서의 목표를 설정하여 열심히 노력하고 있다. 영업팀은 매출을 증가시키려고 노력하는 반면 재무팀은 회사의 재무안정성을 유지하기 위하여 최선을 다하고 있다.
>
> 최근 같은 불경기에 영업팀은 경쟁사보다 가능하면 판매를 많이 하기 위하여 고객이 외상거래를 원하면 외상매출로 하여 판매를 하고자 한다. 이를 위하여 적극적으로 고객을 만나고 회사 제품의 특성을 설명하고 있다. 그런데 매번 재무팀에서 계약이 성사되기 바로 직전에 외상거래는 안 된다고 한다. 영업팀장이 재무팀장에게 가서 도대체 왜 일을 못하게 방해하냐고 하자 재무팀장은 판매 이후 고객회사가 망하면 채권을 어떻게 돌려받고, 우리 회사까지 망하면 영업팀장 당신이 책임질 수 있냐고 한다.

① 불경기이기 때문에 매출이 우선이다. 재무팀장이 양보하도록 한다.

② 어떤 시대이라도 기업의 재무적 안정이 최우선이다. 영업팀장에게 현금매출을 강조한다.

③ 전체 매출에 비하여 일정수준의 외상매출 기준을 정하고 기준을 준수하도록 한다.

④ 외상매출 시마다 대표이사에게 보고하고 결정을 받는다.

정답 ③

해설 매번 대표이사에게 결정하도록 하기보다는 과거 외상매출 비율을 참고하여 전체 매출대비 외상매출 기준(비율)을 정하고 이를 기준으로 영업활동을 하게 하는 것이 효율적이다.

| Q 2 | 회사 내에서 인간관계를 형성할 때 조직 사람들과 잘 융화하기 위한 대인관계능력은 필수적인 요건 중 하나이다. 다음 중 대인관계능력에 대한 설명이 <u>틀린</u> 것은?

① 직업현장에서의 대인관계능력이란 조직의 갈등해결과 고객요구 충족의 능력을 말한다.

② 인간관계를 형성하기 위해서는 먼저 상호의존적인 성품을 갖추어야 한다.

③ 수평적 네트워크 체계에서는 대인관계능력이 말과 행동보다 더 중요한 요소로 작용한다.

④ 대인관계 향상이란 인간관계의 신뢰도를 높인다는 의미이다.

정 답 ②

해 설 인간관계 형성을 위해서는 먼저 독립적인 성품을 갖추어야 한다.

| Q 3 | 다음 중 팀워크를 저해하는 요소가 <u>아닌</u> 것은?

① 조직에 대한 이해 부족

② 자기중심적 이기주의

③ 솔직한 대화

④ 사고방식의 통일

정 답 ③

해 설 팀워크는 구성원 각자가 지닌 사고방식의 차이점을 인정하고 솔직한 대화를 통해 서로를 이해할 수 있어야 유지된다.

┃ Q 4 ┃ 팀의 에너지를 최대로 활용하는 고성과팀의 핵심적인 특징 한 가지를 고르시오.

① 효과적인 팀은 공식 리더의 리더십역량을 기반으로 운영하며 리더와 팀원 간의 역할을 명확히 구분한다.
② 개별 팀원의 노력과정을 우선시하여 생산성을 높인다.
③ 팀 내 갈등이 발생할 경우 개방적으로 다루어 토의한다.
④ 팀원 개개인의 강점과 약점을 인식하여 약점을 보완하는 데 노력을 기울인다.

정답 ③

해설 고성과팀은 팀원 간 리더십역량을 공유하고 결과에 초점을 맞추며, 개인의 강점을 활용한다.

┃ Q 5 ┃ 팀의 생산성 하락, 팀원들 간의 적대감이나 갈등, 비효율적인 회의 등의 현상이 팀에서 발생했을 때 이를 해결하기 위해 할 수 있는 방안을 고르시오.

① 동료의 행동과 수행에 대한 피드백을 줄인다.
② 의견 불일치가 발생할 경우 팀장은 제삼자로서 재빨리 개입하여 중재한다.
③ 아이디어가 넘치는 환경 조성을 위해 많은 양의 아이디어를 요구하고 침묵을 지양한다.
④ 리더가 팀원별 적합한 역할을 결정하고 팀을 통제한다.

정답 ②

해설 성공적으로 운영되는 팀은 의견의 불일치를 바로바로 해소하고 방해요소를 미리 없애 혼란과 내분을 방지한다.

| Q 6 | A 회사에서는 격주로 사원 소식지 '우리 가족'을 발행하고 있다. 이번 호의 특집 테마는 '팀워크'에 대한 것으로 좋은 사례를 모으고 있다. 다음 중 팀워크의 사례로 가장 적절하지 <u>않은</u> 것은 무엇인가?

① 자재조달의 차질로 인해 납기준수가 어려웠던 상황을 팀원들이 똘똘 뭉쳐 헌신적으로 일한 결과 주문받은 물품을 성공적으로 납품할 수 있었던 사례

② 팀의 분위기가 편안하고 인간적이어서 주기적인 직무순환(job rotation) 시기가 도래해도 다른 부서로 가고 싶어 하지 않는 부서의 사례

③ 팀원들의 개성과 장점을 살려 사내 직원 연극대회에서 대상을 받았던 사례

④ 팀장의 갑작스러운 부재 상황에서 팀원들이 서로 역할을 분담하고 긴밀하게 소통하면서 팀의 당초 목표를 원만하게 달성할 수 있었던 사례

정답 ②

| Q 7 | 팀워크 개발을 위한 3요소가 <u>아닌</u> 것을 고르시오.

① 신뢰쌓기   ② 성과내기
③ 참여하기   ④ 관리하기

정답 ④

| Q 8 | 다음 글을 읽고 내용에 해당하는 리더십 유형이 무엇인지 고르시오.

- 평등
  리더는 조직구성원들 중 하나일 뿐이다. 리더는 다른 조직구성원들보다 경험이 더 풍부하겠지만 다른 구성원들보다 더 비중 있게 대우받아서는 안 된다.

- 집단의 비전
  집단의 모든 구성원은 의사결정 및 팀의 방향을 설정하는 데 참여한다.

- 책임 공유
  집단의 모든 구성원은 집단의 행동에 따른 결과 및 성과에 대해 책임을 공유한다.

- 소규모 조직이나 성숙한 조직에서 풍부한 경험과 재능을 소유한 개인에게 적합하다.

① 파트너십 유형　　　② 독재자 유형
③ 변혁적 리더십 유형　④ 민주주의 유형

정답 ①

| Q 9 | 다음은 불만을 가진 고객 유형별 대응방법에 대한 설명이다. 맞는 것을 고르시오.

① 의심형 고객에게는 정중하게 대하여 호감을 얻는다.
② 트집형 고객에게는 경청하고 맞장구치며 설득해 간다.
③ 빨리빨리형 고객에게는 분명한 증거나 근거를 제시하여 확신을 갖도록 유도한다.
④ 거만형 고객에게는 책임자가 응대하여 애매한 화법으로 응수한다.

정답 ②

| Q10 | 리더는 팀원에게 동기를 부여하여야 한다. 그렇지 못한 리더는 리더로서의 자격이 부족하다. 다음에 있는 리더의 행동 중 적절하지 <u>않은</u> 것은?

① 목표를 달성한 조직구성원에게는 곧바로 칭찬으로 보상해야 한다.

② 직원들이 자신의 장점과 특성을 잘 활용하도록 도와야 한다.

③ 새로운 업무와 역할을 부여하여 자신의 능력을 인정받았다는 인식을 주어야 한다.

④ 조직구성원들을 지속적으로 동기부여하기 위해 가장 좋은 방법은 금전적인 보상이나 편익, 승진 등의 외적인 동기유발이다.

정답 ④

해설 외적인 동기유발제는 일시적으로 효과를 낼 수 있으며 단기간에 좋은 결과를 가져오고 사기를 끌어올릴 수 있지만, 효과가 오래가지 못한다. 조직구성원들이 지속적으로 자신의 잠재력을 발휘하도록 만들기 위해서는 외적인 동기유발 그 이상의 것을 제공해야 한다.

마. 면접질문 예시

(1) 지금까지 살면서 갈등을 겪었던 기억이 있습니까? 어떤 상황이었고 이를 어떻게 극복했는지 말씀하여 주십시오.

● 경험했던 갈등 상황을 떠올려 본다. 가족관계, 친구와의 관계, 진로 선택 등과 관련하여 자신이 겪었던 기억을 되짚어 보면서 구체적으로 설명한다.

● 면접관이 다음과 같은 추가질문을 계속할 경우 당황하지 말고 차분히 응답하면 된다. 이때 상대방의 생각을 듣고 배려했는지 또한 갈등을 해소하기 위하여 얼마나 노력을 했는지가 답변 내용에 포함되어야한다.

● 탐색질문 예시

  - 구체적인 갈등 상황을 말씀하여 주십시오.

  - 해결을 위하여 당신은 어떤 노력을 하였습니까?

  - 결과는 어떻게 되었습니까?

  - 상대방은 적극적으로 결과를 받아들였습니까?

● 위 탐색질문을 통하여 면접관은 다음에 있는 행동지표의 실천 여부를 평가한다. 진실한 답변 가운데 다음의 행동지표가 포함되면 높은 평가점수를 받을 수 있다.

행동지표(예)	Check
타인과 대화할 때 생각과 가치관을 배려한다.	∨

(계속)

타인과의 갈등을 줄이기 위해서 노력한다.	V
타인과의 갈등을 조절할 수 있는 방법을 활용한다.	V
⋮	⋮

(2) 의견 차이가 발생했을 경우 귀하의 해결방법을 말씀하여 주십시오.

● 대화 중에 발생했던 의견 차이가 있는지 기억을 떠올려 본다. 가족이나
  친구는 물론 사회생활에서 경험한 사항을 설명하면 된다.

● 면접관이 다음과 같은 추가질문을 계속할 경우 당황하지 말고 차분
  히 응답하면 된다. 이때 상대방의 생각이나 가치관의 다르다는 것을
  인지하였는지 또한 이를 해결하기 위하여 어떤 노력을 했는지가 답
  변 내용에 포함되어야 한다.

● 탐색질문 예시

  – 구체적인 의견 차이의 상황을 말씀하여 주십시오.

  – 누구와의 의견 차이였습니까?

  – 당신은 어떤 노력을 했습니까?

  – 결과는 어떻게 되었습니까?

● 위 탐색질문을 통하여 면접관은 다음에 있는 행동지표의 실천 여부를 평가한다. 진실한 답변 가운데 다음의 행동지표가 포함되면 높은 평가점수를 받을 수 있다.

행동지표(예)	Check
대화 시 쟁점사항이 무엇인지 파악한다.	∨
대화 시 상대방의 핵심요구사항을 파악한다.	
대화 시 상대방을 설득하기 위해서 노력한다.	∨
협상할 때 사전에 전략을 수립한다.	∨
⋮	⋮

(3) 지금까지 학교 또는 사회생활 경험 중 다른 사람에게 영향을 미쳤던 경험이 있으면 상세히 설명해 주십시오.

● 다른 사람에게 영향을 준 경험을 기억해 본다. 후배, 친구 등의 관계에 있어서 다른 사람에게 감동을 주었거나 변화를 시킨 경험을 말하고 구체적으로 설명해야 한다.

● 면접관이 다음과 같은 추가질문을 계속한다면 당황하지 말고 차분히 응답하면 된다. 이때 상대방에게 의욕이나 자신감을 준 적이 있는지 또한 당신이 상대방에게 어떤 변화를 가져오게 했는지가 답변 내용에 포함되어야 한다.

● 탐색질문 예시

　－ 어떤 상황이었습니까?

　－ 어떤 일이나 역할을 하였습니까?

　－ 구체적으로 귀하가 한 행동은 무엇이었습니까?

● 위 탐색질문을 통하여 면접관은 다음에 있는 행동지표의 실천 여부를 평가한다. 진실한 답변 가운데 다음의 행동지표가 포함되면 높은 평가점수를 받을 수 있다.

행동지표(예)	Check
다른 사람을 동기화할 수 있다.	V
리더의 행동 특성에 맞는 행동을 한다.	
참여를 시키기 위한 전략을 제시한다.	V
앞장서서 바람직한 변화를 선도한다.	
⋮	⋮

(4) 최근 친구나 가까운 사람, 또는 모르는 사람에게 화를 낸 경험이 있습니까?

● 당신이 화를 냈던 상황을 떠올려 본다. 최근 다른 사람과의 관계 중에 화가 났던 적을 기억하고 구체적 상황을 떠올려 그 상황을 설명

하면 된다.

● 면접관이 다음과 같은 추가질문을 계속한다면 당황하지 말고 차분히 응답하면 된다. 이때 객관적으로 왜 화를 내어야 했는지, 이해하려는 노력을 했는지 또한 감정을 잘 통제하였다는 것이 답변 내용에 포함되어야 한다.

● 탐색질문 예시

  − 구체적인 갈등 상황을 말씀하여 주십시오.

  − 어떻게 감정을 통제했습니까?

  − 결과는 어떻게 되었습니까?

● 위 탐색질문을 통하여 면접관은 다음에 있는 행동지표의 실천 여부를 평가한다. 진실한 답변 가운데 다음의 행동지표가 포함되면 높은 평가점수를 받을 수 있다.

행동지표(예)	Check
대화 상대의 유형에 따라서 대응한다.	∨
상대의 요구를 수시로 파악한다.	
상대의 불만사항을 해결하려 노력한다.	∨
⋮	⋮

2. 정보능력 취업대비

가. 정보능력이란

21세기에 들어서면서 스마트폰이 출시되고 각종 통신이 발달하면서 정보는 조직은 물론 개인의 생활패턴을 바꾸었다. 우리의 매일은 정보 없이 살 수 없다. 정보가 곧 생명이며 경쟁력이다. 이를 효과적으로 활용할 수 있는 것이 직업인의 경쟁력이 되었다.

NCS에서는 정보능력을 다음과 같이 정의하고 있다.

"정보능력은 직장생활에서 기본적인 컴퓨터를 활용하여 필요한 정보를 수집, 분석, 활용하는 능력이다. 정보화 시대는 매일 수십 개의 정보가 생성되고 소멸될 정도로 변화가 빠른 것이 특징이다. 따라서 수많은 정보 중에서 필요한 정보를 수집하고 분석하여 활용할 수 있는 능력을 함양하는 것은 필수적이라 할 수 있다."

또 정보능력은 컴퓨터활용능력과 정보처리능력의 하위능력으로 구성된다.

:: 표 5.7 정보능력의 하위능력

정보능력 ┈┈┈ (1) 컴퓨터활용능력

(2) 정보처리능력

나. 하위능력과 행동지표

(1) 컴퓨터활용능력

■ 컴퓨터활용능력 정의

컴퓨터활용능력은 업무수행에 필요한 정보를 수집, 분석, 조직, 관리, 활용하는 데 있어 컴퓨터를 사용하는 능력이다. 현대사회를 '정보혁명', '컴퓨터혁명'으로부터 파급된 정보사회라고 부른다. 정보사회의 도래에 가장 결정적인 것은 컴퓨터 기술의 발전이었다. 따라서 정보사회에서 남녀노소를 불문하고 컴퓨터를 통해 필요한 정보를 얻고 자신에게 잠재된 재능을 발휘할 수 있는 기회가 제공된다는 측면에서 컴퓨터활용능력의 함양은 필수적이다.

■ 컴퓨터활용능력 행동지표

컴퓨터활용능력의 행동지표는 다음 여섯 가지로 구성된다. 첫째는 "나는 정보와 자료의 차이가 무엇인지 설명할 수 있다."이고, 둘째는 "나는 정보화 사회의 특징에 대해 설명할 수 있다."이다. 셋째는 "나는 업무수행에 있어서 컴퓨터가 활용되는 분야를 설명할 수 있다."이고, 넷째는 "나는 업무수행에 있어서 정보를 효과적으로 처리할 수 있고 이를 위한 절차를 설명할 수 있다."이다. 그리고 다섯째는 "나는 사이버 공간에서 지켜야 할 예절과 규칙을 설명할 수 있다."이며, 여섯째는 "나는 업무와 관련된 중요한 정보의 유출을 방지할 수 있는 방법을 설명할 수 있다."이다.

이 가운데 직업인으로서 가져야 할 핵심 행동은 두 번째 "나는 정보화 사회의 특징에 대해 설명할 수 있다."와 네 번째인 "나는 업무수행에 있어서 정보를 효과적으로 처리할 수 있고 이를 위한 절차를 설명할 수 있다."이다.

따라서 정보사회의 특성에 적합한 정보를 처리할 수 있어야 한다. 이를 위해 필요한 학습이 우선되어야 할 것이다.

:: 표 5.8 컴퓨터활용능력 행동지표

문항	그렇지 않은 편이다	보통 이다	그런 편이다
나는 정보와 자료의 차이가 무엇인지 설명할 수 있다.	1	2	3
나는 정보화 사회의 특징에 대해 설명할 수 있다.	1	2	3
나는 업무수행에 있어서 컴퓨터가 활용되는 분야를 설명할 수 있다.	1	2	3
나는 업무수행에 있어서 정보를 효과적으로 처리할 수 있고 이를 위한 절차를 설명할 수 있다.	1	2	3
나는 사이버 공간에서 지켜야 할 예절과 규칙을 설명할 수 있다.	1	2	3
나는 업무와 관련된 중요한 정보의 유출을 방지할 수 있는 방법을 설명할 수 있다.	1	2	3

〈출처:www.ncs.go.kr〉

(2) 정보처리능력

■ 정보처리능력 정의

정보처리능력은 직장생활에서 필요한 정보를 수집하고, 분석하여 의미 있는 정보를 찾아내며, 찾아낸 정보를 업무수행에 적절하도록 조직·관리하고 활용하는 능력이다. 오늘날 정보가 기하급수적으로 증가하고 있는 실정에서, 문제해결에 적합한 정보를 찾고 선택할 수 있는 능력과 찾은 정보를 문제해결에 적용할 수 있는 능력의 함양은 필수적이다.

■ 정보처리능력 행동지표

정보처리능력은 다음의 여덟 가지 행동지표로 구성된다. 첫째는 "나는 업무수행에 필요한 인터넷서비스의 종류를 설명할 수 있다."이고, 둘째는 "나는 인터넷을 활용하여 업무수행에 필요한 정보를 검색할 수 있다."이다. 셋째는 "나는 업무수행에 필요한 소프트웨어의 종류 및 특징을 설명할 수 있다."이고, 넷째는 "나는 업무수행에 있어서 데이터베이스 구축의 필요성을 설명할 수 있다."이다. 그리고 다섯째는 "나는 업무수행에 필요한 정보를 효과적으로 수집할 수 있는 방법에 대해 설명할 수 있다."이며, 여섯째는 "나는 업무수행에 있어서 정보분석 및 가공의 중요성을 설명할 수 있다."이다. 일곱째와 여덟째는 "나는 업무수행에 필요한 정보를 효과적으로 관리할 수 있는 방법을 설명할 수 있다."와 "나는 업무수행에 유용한 정보와 그렇지 않은 것을 구분하여 효과적으로 정보를 활용할 수 있는 방법에 대해 설명할 수 있다."이다.

이 가운데 "나는 인터넷을 활용하여 업무수행에 필요한 정보를 검색할 수 있다."와 "나는 업무수행에 필요한 소프트웨어의 종류 및 특징을 설명할 수 있다." 그리고 "나는 업무수행에 필요한 정보를 효과적으로 수집할 수 있는 방법에 대해 설명할 수 있다."이다. 즉 정보검색, 각종 소프트웨어 활용, 그리고 업무수행에 필요한 정보수집 방법 활용을 말한다.

:: 표 5.9 정보처리능력 행동지표

문항	그렇지 않은 편이다	보통 이다	그런 편이다
나는 업무수행에 필요한 인터넷서비스의 종류를 설명할 수 있다.	1	2	3
나는 인터넷을 활용하여 업무수행에 필요한 정보를 검색할 수 있다.	1	2	3
나는 업무수행에 필요한 소프트웨어의 종류 및 특징을 설명할 수 있다.	1	2	3
나는 업무수행에 있어서 데이터베이스 구축의 필요성을 설명할 수 있다.	1	2	3
나는 업무수행에 필요한 정보를 효과적으로 수집할 수 있는 방법에 대해 설명할 수 있다.	1	2	3
나는 업무수행에 있어서 정보분석 및 가공의 중요성을 설명할 수 있다.	1	2	3

(계속)

나는 업무수행에 필요한 정보를 효과적으로 관리할 수 있는 방법을 설명할 수 있다.	1	2	3
나는 업무수행에 유용한 정보와 그렇지 않은 것을 구분하여 효과적으로 정보를 활용할 수 있는 방법에 대해 설명할 수 있다.	1	2	3

〈출처:www.ncs.go.kr〉

다. 지원서 작성 예시

(1) 정보화 시대가 가져온 변화는 어떤 것입니까? 귀하가 직접 체험한 사항을 중심으로 기술하여 주십시오.

> * 이 질문은 **정보능력의 중요성**을 인식하고 컴퓨터 등의 **정보기기활용능력**을 확인하는 것이다. 따라서 어떤 종류의 정보기기를 활용하는지 구체적으로 기술하면 된다.

(2) 귀하가 가장 잘 다룰 수 있는 정보기술(소프트웨어를 비롯한 각종 IT 기기 포함)은 무엇이며, 이를 이용하여 업무나 생활에 유익하게 활용한 사례를 작성해 주십시오.

* 이 질문은 **컴퓨터활용능력**을 확인하는 것이다. 따라서 컴퓨터활용능력 관련 행동지표를 확인하고 관련된 행동 경험을 제시하면 된다.

(3) 인터넷의 발달로 귀하가 담당할 업무에 어떤 변화가 있을 걸로 예상하십니까? 혹은 새로운 업무방법이나 개선은 어떤 면에서 일어날 것이라고 생각하십니까?

* 이 질문은 **정보능력**을 활용하여 업무에 적용의 능력을 확인하는 것이다.

라. 필기시험

| Q 1 | 당신은 A 스포츠용품회사의 대리로 근무하고 있다. 회사는 사업범위를 확장하고자 익스트림 스포츠 분야의 투자를 고민하고 있으며, 당신에게 청장년층을 주요 타깃으로 한 익스트림 스포츠용품 사업기획을 맡겼다. 당신은 여러 경로를 통하여 <u>현재의 익스트림 스포츠용품 경쟁업체의 수, 익스트림 스포츠용품 판매량</u> 등을 수집하였다. 다음 단어 중 밑줄에 가장 가까운 것을 고르시오.

① 정보(information)

② 지식(knowledge)

③ 자료(data)

④ 정보처리(information processing)

정답 ③

| Q 2 | 다음 중 정보 처리 절차의 순서가 바르게 묶인 것은?

① 수집-관리-기획-활용

② 기획-수집-활용-관리

③ 수집-관리-활용-기획

④ 기획-수집-관리-활용

정답 ②

| Q 3 | 다음 중 정보에 대한 특성으로 **틀린** 것을 고르시오.

① 정보는 적시성과 독점성의 특성을 갖는다.

② 정보의 가치를 평가하는 절대적인 기준은 없다고 볼 수 있다.

③ 공개된 정보는 그 가치가 급격히 떨어지는 것이 보통이다.

④ 정보의 가치 비중은 반공개정보−비공개정보−공개정보 순으로 낮아
진다.

정 답 ④

해 설 정보의 가치는 비공개정보−반공개정보−공개정보 순으로 크다고 볼 수 있다.

| Q 4 | 다음 중 정보원(sources) 중 1차 자료가 **아닌** 것을 모두 고르시오.

사전, 단행본, 논문, 연구보고서, 편람, 특허정보, 서지 데이터베이스, 신문, 잡지,
학술회의자료, 레터, 웹 정보자원

① 사전, 단행본, 편람

② 사전, 편람, 서지 데이터베이스

③ 사전, 학술회의자료, 서지 데이터베이스

④ 보기에 답이 없음

정 답 ③

| Q 5 | 정보는 크게 동적 정보와 정적 정보로 분류된다. 다음 중 동적 정보에 해당하는 설명으로 틀린 것을 고르시오.

① 동적 정보는 상황변화에 따라 수시로 변하는 정보를 말한다.
② 신문이나 TV의 뉴스가 이에 해당한다.
③ 동적 정보는 유효기간이 비교적 긴 편이다.
④ 미련 없이 버려도 상관없는 정보이다.

정답 ③

| Q 6 | 다음 글에서 설명하고 있는 기술은 무엇인가?

• 각종 식별정보를 입력하여 상품 또는 동물에 부탁하고, 무선 주파수를 통해 입력된 정보를 수집하고 관리하는 기술이다.

• 개개의 물건마다 일련번호를 부여할 수 있다.

• 육상선수들의 기록을 재거나 상품의 생산이력을 추적하거나 야생동물 보호나 가축관리 등 여러 분야에서 폭넓게 사용되는 기술이다.

• 정해진 국제적 규격이 없어 호환성이 떨어지는 단점이 있다.

① RFID   ② Barcode   ③ CMI   ④ POS

정답 ①

해설 RFID(Radio Frequency Identification)에 대한 설명이다. CMI는 Computer Managed Instruction, 즉 컴퓨터 관리교육을 의미하며, POS는 Point of Sales의 약자로서 백화점, 편의점 등에서 원가 및 재고관리 등에 이용되는 시스템을 의미한다.

| Q 7 | 다음은 쿠키(Cookie)에 대한 설명이다. **틀린 것을 고르시오**.

① 4KB이하의 작은 기록 정보 파일을 의미한다.

② 소프트웨어의 일종으로 사이트가 사용하는 서버에서 인터넷 유저 컴퓨터에 설치된다.

③ 온라인 광고업체의 경우 이를 이용해 인터넷 사용자들의 기호 등을 수집·분석 활용한다.

④ 스파이웨어를 통해 유저의 브라우징 행동을 추적하는 데 사용될 수도 있다.

정답 ②

해설 쿠키는 소프트웨어가 아니며 컴퓨터 내에서 프로그램처럼 실행될 수 없다.

| Q 8 | 다음 중 '사용자들이 복잡한 정보를 보관하기 위해 별도의 데이터 센터 구축 없이 인터넷에서 제공되는 서버를 활용해 정보를 보관 및 추출하는 기술'을 의미하는 용어는?

① SNS(Social Networking Service)

② 클라우드 컴퓨팅(Cloud Computing)

③ 전자상거래

④ 도메인 서비스

정답 ②

| Q9 | 정보능력에 대한 설명이다. 옳은 것을 고르시오.

① 정보활동의 단계는 정보수집–정보기획–정보관리 순서로 이루어진다.

② 정보관리는 수집된 정보를 찾기 쉽게 정리하는 활동을 의미한다.

③ 정보수집의 목적은 예측을 잘하기 위해서이다.

④ 정보활용능력에는 문제상황인지능력, 문제해결적용능력은 제외된다.

정답 ③

| Q10 | 다음은 업무수행 시 데이터베이스 시스템을 활용할 때의 이점이다. **틀린** 것을 고르시오.

① 프로그램의 개발 기간을 단축시킬 수 있다.

② 데이터 검색을 쉽게 할 수 있다.

③ 데이터의 무결성을 낮출 수 있다.

④ 데이터의 중복을 줄일 수 있다.

정답 ③

마. 면접질문 예시

(1) 지금까지 귀하가 가장 관심을 가지고 정보를 수집한 경험에는 어떤 것이 있습니까?

- 업무수행에 있어서 효과적 정보수집 및 활용의 중요성 인식에 관한 질문이다.

- 기억을 잘 떠올려 보면 정보를 활용했던 사례가 있을 것이다.

- 탐색질문 예시

  – 어떤 문제 혹은 어떤 상황이었습니까?

  – 구체적으로 수집된 정보는 어떤 내용입니까?

- 위 탐색질문을 통하여 면접관은 다음에 있는 행동지표의 실천 여부를 평가한다. 진실한 답변 가운데 다음의 행동지표가 포함되면 높은 평가점수를 받을 수 있다.

행동지표(예)	Check
업무수행에 필요한 정보를 효과적으로 수집할 수 있다.	∨
업무수행에 있어서 정보분석 및 가공의 중요성을 안다.	∨
업무수행에 필요한 정보를 효과적으로 관리할 수 있는 방법을 안다.	
⋮	⋮

(2) 정보화 시대가 가져온 변화는 어떤 것입니까? 귀하가 직접 체험한 사항을 중심으로 설명해 주십시오.

- 컴퓨터나 통신이 생활을 변화시킨 사례나 본인이 직접 했던 경험을 중심으로 설명한다.

- 어떤 유익함이 있는지를 차분히 설명한다.

- 탐색질문 예시

  – 어떤 변화를 체험하게 되었습니까?

  – 구체적으로 어떤 상황이었습니까?

  – 어떤 변화였습니까?

  – 어떤 결과가 나타났습니까?

- 위 탐색질문을 통하여 면접관은 다음에 있는 행동지표의 실천 여부를 평가한다. 진실한 답변 가운데 다음의 행동지표가 포함되면 높은 평가점수를 받을 수 있다.

행동지표(예)	Check
정보와 자료의 차이가 무엇인지 설명할 수 있다.	∨
정보화 사회의 특징에 대해 설명할 수 있다.	∨
업무수행에 있어서 컴퓨터가 활용되는 분야를 설명할 수 있다.	
⋮	⋮

(3) 귀하가 가장 잘 다룰 수 있는 정보기술(소프트웨어를 비롯한 각종 IT 기기 포함)은 무엇이며, 이를 이용하여 업무나 생활에 유익하게 활용한 사례를 들어 주십시오.

- 귀하가 구체적으로 잘 활용하는 정보기술(예 : 엑셀, 통계 패키지 등)을 설명한다.

- 탐색질문 예시

  – 어떤 소프트웨어나 기기를 선호하십니까?

  – 다른 것보다 선호하는 이유는 무엇입니까?

  – 구체적으로 어떤 점이 유익합니까?

  – 구체적으로 어떤 일에 활용합니까?

- 위 탐색질문을 통하여 면접관은 다음에 있는 행동지표의 실천 여부를 평가한다. 진실한 답변 가운데 다음의 행동지표가 포함되면 높은 평가점수를 받을 수 있다.

행동지표(예)	Check
다양한 정보기술을 활용할 수 있다.	∨
정보기술 활용의 효과를 안다.	∨
직접 정보기술을 활용하여 업무성과를 향상시킨 경험이 있다.	
⋮	⋮

(4) 인터넷의 발달로 귀하가 담당할 업무는 어떤 변화가 있을 걸로 예상합니까? 혹은 새로운 업무방법이나 개선은 어떤 면에서 일어날 것이라고 생각하십니까?

● 활용 가능한 기술을 파악할 수 있는가를 확인한다.

● 또 활용 가능한 기술을 활용하지 못한 경험에서 얻은 깨달음을 평가하고자 한다.

● 탐색질문 예시

 – 구체적인 변화방향은 무엇입니까?

 – 구체적인 변화내용은 무엇입니까?

 – 어떤 효과로 인해 어떤 개선이 가능할 거라고 보십니까?

● 위 탐색질문을 통하여 면접관은 다음에 있는 행동지표의 실천 여부를 평가한다. 진실한 답변 가운데 다음의 행동지표가 포함되면 높은 평가점수를 받을 수 있다.

행동지표(예)	Check
인터넷의 가능성이나 발달을 잘 안다.	V
인터넷을 통한 변화의 가능성을 이해하고 적극적이다.	V
새로운 도구로 새로운 개선을 하고자 한다.	
⋮	⋮

3. 기술능력 취업대비

가. 기술능력이란

기술이란 'input'을 'output'으로 변화시키는 과정이며, 조직이 제품이나 서비스를 만드는 과정을 말한다. 유형의 제품을 생산하는 제조기업은 구체적 기술이 있으나 무형의 서비스를 제공하는 서비스 기업은 기술이 애매모호하다. 예를 들어, 자동차회사는 엔진제조기술과 차체나 각종 부속품을 만드는 기술이 있다. 반면 백화점이나 컨설팅 회사는 눈에 보이는 기술이 명확하지 않다.

우리는 조직을 이해하기 위하여 그 조직이 제공하는 제품과 서비스, 그리고 이를 생산하는 기술을 명확히 이해하여야 한다.

NCS에서는 기술능력을 다음과 같이 정의한다.

"기술능력은 일상적으로 요구되는 수단, 도구, 조작 등에 관한 기술적인 요소들을 이해하고 적절한 기술을 선택하며 적용하는 능력을 의미한다. 직업인이 직장생활에서 일상적으로 접하는 기술을 이해하고 효율적인 기술을 선택하여 다양한 상황에 기술을 적용하기 위해서는 기본적인 기술능력의 함양은 필수적이다."

:: 표 5.10 기술능력의 하위능력

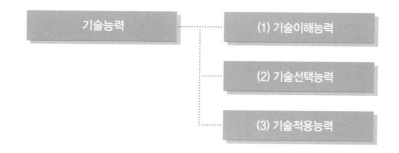

또 기술능력은 기술이해능력, 기술선택능력, 기술적용능력의 하위능력으로 구성된다.

나. 하위능력과 행동지표

(1) 기술이해능력

■ 기술이해능력 정의

기술이해능력은 기본적인 직장생활에서 필요한 기술의 원리 및 절차를 이해하는 능력이다. 기술이해능력을 향상시키기 위해서는 기술의 개념, 관련 용어, 가정, 직장 및 사회에 미치는 긍정적·부정적 영향, 유형별 기초 기술, 기술과 인간, 기술과 환경 등의 관계, 기술의 선택과정에 대한 이해가 선행되어야 한다.

■ 기술이해능력 행동지표

기술이해능력은 다음의 네 가지 행동지표로 구성된다. 첫째는 "나는 기술의 원리와 절차, 그리고 기술 시스템에 대해 설명할 수 있다."이며, 둘째 "나는 기술혁신의 의미와 중요성에 대해 설명할 수 있다."이다. 그리고 셋째는 "나는 기술의 변화와 미래에 요구되는 기술을 설명할 수 있다."이며, 넷째 "나는 실패한 기술이 우리사회에 미치는 영향에 대해 설명할 수 있다."이다.

이 가운데 첫째와 셋째의 행동지표가 중요하다. 즉 "나는 기술의 원리와 절차, 그리고 기술 시스템에 대해 설명할 수 있다."와 "나는 기술의 변화와 미래에 요구되는 기술을 설명할 수 있다."이다.

문항	그렇지 않은 편이다	보통 이다	그런 편이다
나는 기술의 원리와 절차, 그리고 기술 시스템에 대해 설명할 수 있다.	1	2	3
나는 기술혁신의 의미와 중요성에 대해 설명할 수 있다.	1	2	3
나는 기술의 변화와 미래에 요구되는 기술을 설명할 수 있다.	1	2	3
나는 실패한 기술이 우리사회에 미치는 영향에 대해 설명할 수 있다.	1	2	3

〈출처:www.ncs.go.kr〉

(2) 기술선택능력

■ 기술선택능력 정의

기술선택능력은 기본적인 직장생활에 필요한 기술을 선택하는 능력이다. 기술선택능력을 향상시키기 위해서는 기술선택의 의미와 중요성, 매뉴얼 활용방법, 벤치마킹을 이용한 기술선택방법, 상황에 따른 기술의 장단점, 상황별 기술선택과 활용에 대한 이해가 선행되어야 한다.

■ 기술선택능력 행동지표

기술선택능력의 행동지표는 다음 네 가지이다. 첫째는 "나는 일에 필요한 기술을 적용할 때 자원, 시간, 비용 등의 제반 여건을 파악할 수 있다."이고, 둘째는 "나는 일을 하는 상황에 사용된 여러 기술에 대한 정보를 수집할 수 있다."이다. 그리고 셋째는 "나는 일과 관련된 기술을 선택할 때 다양한 기술사용에 따른 장단점을 비교할 수 있다."이며, 넷째는 "나는 일에 필요한 최적의 기술을 선택하여 학습할 수 있다."이다.

문항	그렇지 않은 편이다	보통 이다	그런 편이다
나는 일에 필요한 기술을 적용할 때 자원, 시간, 비용 등의 제반 여건을 파악할 수 있다.	1	2	3
나는 일을 하는 상황에 사용된 여러 기술에 대한 정보를 수집할 수 있다.	1	2	3
나는 일과 관련된 기술을 선택할 때 다양한 기술사용에 따른 장단점을 비교할 수 있다.	1	2	3
나는 일에 필요한 최적의 기술을 선택하여 학습할 수 있다.	1	2	3

〈출처:www.ncs.go.kr〉

(3) 기술적용능력

■ 기술적용능력 정의

기술적용능력은 기본적인 직장생활에 필요한 기술을 실제로 적용하고 결과를 확인하는 능력이다. 기술적용능력을 향상시키기 위해서는 기술적용의 문제점을 찾고 기술유지와 관리방법, 새로운 기술에 대한 학습, 최신기술의 동향 등에 대한 이해가 선행되어야 한다.

■ 기술적용능력 행동지표

기술적용능력은 다음의 네 가지 행동지표로 구성된다. 첫째는 "나는 일을 하는 데 사용할 기술이 실제로 실현 가능한 것인지를 고려하여 상황과 절차에 따라 우선적으로 필요한 기술을 적용할 수 있다."이며, 둘째는 "나는 일을 하는 데 있어서 기술사용의 어려움을 겪었을 때 왜 그런 결과가 나왔는지 오류와 개선점을 확인할 수 있다."이다. 그리고 셋째는 "나는 일을 할 때 기술을 적용하는 데 있어서 좋은 결과가 나왔다면 그것을 유지할 수 있다."이며, 넷째는 "나는 일을 할 때 기술을 적용한 후 새로운 기술이 요구되면 그것을 학습하고 효과적인 적용방안을 모색할 수 있다."이다.

문항	그렇지 않은 편이다	보통 이다	그런 편이다
나는 일을 하는 데 사용할 기술이 실제로 실현 가능한 것인지 를 고려하여 상황과 절차에 따라 우선적으로 필요한 기술을 적용할 수 있다.	1	2	3
나는 일을 하는 데 있어서 기술사용의 어려움을 겪었을 때 왜 그런 결과가 나왔는지 오류와 개선점을 확인할 수 있다.	1	2	3
나는 일을 할 때 기술을 적용하는 데 있어서 좋은 결과가 나 왔다면 그것을 유지할 수 있다.	1	2	3
나는 일을 할 때 기술을 적용한 후 새로운 기술이 요구되면 그것을 학습하고 효과적인 적용방안을 모색할 수 있다.	1	2	3

〈출처:www.ncs.go.kr〉

다. 지원서 작성 예시

(1) 지금까지 업무 또는 과제 등의 수행을 위해 필요한 기술을 제대로 알
지 못해 업무에 실패한 사례가 있다면 작성해 보십시오.

> * 이 질문은 **기술선택능력**을 확인하는 것이다. 따라서 기술선택능력의 행동지표를 확인하고
> 기술하여야 한다.

(2) 다른 사람이 해결하지 못했던 문제를 해결해 본 경험이 있습니까? 혹은 문제해결에 도움을 준 경험이 있다면 어떠한 방법을 사용하였는지 설명해 보십시오.

> * 이 질문은 **기술선택능력**을 확인하는 것이다. 따라서 기술선택능력의 행동지표를 확인하고 기술하여야 한다.

(3) 우리 회사가 시장에서 우위를 선점하기 위해 고려해야 할 사항은 무엇입니까?

> * 이 질문은 **기술이해능력**을 확인하는 것이다. 따라서 기술이해능력의 행동지표를 확인하고 기술하여야 한다.

라. 필기시험

| Q 1 | 다음은 프린트기 사용 설명서의 일부를 발췌한 글이다. 사용 설명서를 읽고 인쇄물이 너무 흐리게 출력되는 문제가 발생했을 경우 어떻게 대처하는 것이 좋을지 고르시오.

설정	사용가능한 옵션	설명
Copies	1~2000	인쇄될 인쇄 매수를 설정합니다.
2-sided Printing	On, Off	양면 인쇄 기능을 켜거나 끕니다.
Default Paper Size	Letter, Legal, A4, A3, A5, 11x17, Executive, Statement, Monarch, Com10, DL, ISO-B5, ISOC5	기기에서 인쇄 시 사용될 기본 용지 크기를 설정합니다.
Default Paper Type	Plain Panper, transparency, Heavy Paper, Recycled,Color, Letterhead, Tracing Paper, Labels, Bond Paper, Envelope	인쇄에 사용할 기본 용지 종류를 설정합니다.
Image Refinement	On, Off	이미지 정밀화 기능을 켜거나 끕니다.
Density	1-5-9	인쇄 농도를 설정할 수 있습니다.
Toner Save	On, Off	토너 절약 기능을 켜거나 끕니다.
Binding	Long Edge, Short Edge	인쇄 작업에 긴 단 또는 짧은 단 제본을 설정합니다.

① 컴퓨터에 운영체제에 알맞은 프린트기 드라이버를 재설치한다.
② 프린트기 설정메뉴에서 토너 절약모드를 Off로 수정한 후 재출력해 본다.
③ 다시 인쇄물이 진해질 때까지 토너를 한시간 정도 놔둔 후 재출력한다.
④ 프린트기 전원을 끄고 뒷면의 커버를 연 다음 종이를 천천히 빼낸다.

정답 ②

❘ Q 2 ❘ 다음은 기술의 개념인 'know-how'와 'know-why'에 대해 설명한 글이다. 틀린 것을 고르시오.

① 'know-how'란 특허권을 수반하지 않는 과학자, 엔지니어 등이 보유한 체화 기술이다.
② 'know-why'란 어떻게 기술이 성립하고 작용하는가에 관한 원리적 측면에 중심을 둔 것이다.
③ 'know-why'란 경험적이고 반복적인 행위에 의해 얻어지고 'know-how'는 이론적이고 과학적인 탐구에 의해 얻어진다.
④ 과거의 기술의 개념은 'know-why'보다 'know-how'의 개념이 강하였다.

정 답 ③

❘ Q 3 ❘ 다음 중 아래의 설명에 해당하는 특징을 가진 기술은 무엇인지 고르시오.

- 이용 가능한 자원과 에너지를 고려한다.
- 자원이 사용되고 재생산되는 비율의 조화를 추구한다.
- 자원의 질과 자원이 생산적인 방식으로 사용되는가에 주의를 기울인다.

① 환경효용 기술 　　　　② 지속가능한 기술
③ 에너지절약 기술 　　　　④ 재활용 기술

정 답 ②

| Q 4 | 다음은 산업 재해에 관련된 사례이다. 물음에 답하시오.

P 화학약품 생산공장에 근무하고 있는 김 대리는 퇴근 후 가족과 뉴스를 보다가 자신이 근무하고 있는 화학약품 생산공장에서 발생한 대형화재에 대한 뉴스를 보게 되었다. 수십 명의 사상자를 발생시킨 이 화재의 원인은 노후된 전기설비로 인한 누전이 원인으로 추정된다고 하였다. 불과 몇 시간 전까지 같이 근무했던 사람들의 사망소식에 김 대리는 어찌할 바를 몰랐다. 그렇지 않아도 공장장에게 노후한 전기설비를 교체하지 않으면 큰일이 날지도 모른다고 늘 강조해 왔는데 결국에는 돌이킬 수 없는 대형사고를 터트리고 만 것이다.

이와 같은 경우 산업재해가 일어난 이유로 가장 적절한 것을 고르시오.

① 안전수칙의 오해
② 위험요소에 대한 무지와 무관심
③ 보호장비 미착용
④ 생산공정의 부적당

정답 ②

| Q 5 | 다음 중 산업 재해를 예방하기 위한 대책으로 적절하지 <u>않은</u> 것은?

① 경영자는 안전목표를 설정하고 안전계획 수립 및 이를 시행 · 감독해야 한다.
② 사고조사, 안전점검, 현장분석, 관찰 및 보고서 연구를 통해 상황을 예측한다.
③ 재해 원인에 따른 적절한 시정책을 선정한다.
④ 안전교육 훈련, 안전시설 및 장비 개선, 안전감독을 실시한다.

정답 ②

| Q 6 | 다음 중 산업 재해로 볼 수 <u>없는</u> 것을 고르시오.

① 휴가중 교통사고 사망
② 석면방직 작업자에게 발생한 위암
③ 인터넷 선로 작업을 위해 지붕으로 올라가다 떨어짐
④ 변압기 교체 도중 충전부에 감전

정답 ①

| Q 7 | 기술혁신의 특성으로 <u>틀린</u> 것을 고르시오.

① 기술혁신은 지식 집약적이 활동이다.
② 기술혁신은 사전에 목표, 일정, 비용 지출 계획을 세워 진행된다.
③ 기술혁신은 기업의 기존 구조를 바꿀 가능성이 있기에 이해관계자 간 갈등이 존재하기 마련이다.
④ 기술혁신은 조직의 경계를 넘나드는 특성을 갖고 있다.

정답 ②

해설 기술혁신은 매우 불확실하며 그 과정 역시 불확실하다.

| Q 8 | 기업의 기술선택을 위한 의사결정 방법 중 상향식 기술선택(bottom up approach)에 해당하는 설명을 고르시오.

① 기업 전체 차원에서 필요한 기술에 대해 체계적인 분석을 시도한다.
② 시장의 고객이 요구하는 제품 또는 서비스에 적합한 기술을 선택한다.
③ 연구자나 엔지니어가 자율적으로 기술을 선택하는 방법이다.

④ 먼저 기업의 외부환경과 보유자원에 대한 분석이 선행되어야 한다.

정답 ③

| Q9 | 기업이 제품 매뉴얼을 만들 때 고려해야 하는 사항으로 적합하지 <u>않은</u> 것은?

① 제품 사용자의 유형과 사용능력을 파악한다.
② 혹시 모를 사용자의 오작동까지 고려하여 만들어야 한다.
③ 제품의 의도된 안전한 사용과 사용 중 해야 할 일을 정의한다.
④ 표준화된 규칙과 절차를 통해 내용에 일관성이 있게 해야 한다.

정답 ④

해설 ④번은 업무 매뉴얼 작성 시 고려해야 할 사항이다.

| Q10 | 다음 기술 적용 시 고려해야 할 사항 중 가장 거리가 <u>먼</u> 것은?

① 기술은 전략적으로 어느 정도의 중요성을 띠는가?
② 기술 적용 시 어느 정도의 비용이 소요되는가?
③ 기술의 수명 주기는 어느 정도일 것인가?
④ 기술 전문인력을 운용할 수 있는 능력을 갖고 있는가?

정답 ④

마. 면접질문 예시

(1) 지금까지 업무 또는 과제 등의 수행을 위해 필요한 기술을 제대로 알지 못해 업무에 실패한 사례가 있다면 말씀해 주십시오.

- 활용 가능한 기술을 파악할 수 있는가를 확인한다.

- 또 활용 가능한 기술을 활용하지 못한 경험에서 얻은 깨달음을 평가하고자 한다.

- 탐색질문 예시

  - 어떤 문제 혹은 어떤 상황이었습니까?

  - 왜 언급한 기술을 활용할 수 없었습니까?

  - 실패는 어느 정도였습니까?

  - 사전에 예상하지 못했습니까?

  - 말씀하신 사례에서 느낀 점이나 학습한 것은 무엇입니까?

- 위 탐색질문을 통하여 면접관은 다음에 있는 행동지표의 실천 여부를 평가한다. 진실한 답변 가운데 다음의 행동지표가 포함되면 높은 평가점수를 받을 수 있다.

행동지표(예)	Check
일에 필요한 기술을 적용할 때 자원, 시간, 비용 등의 제반 여건을 파악할 수 있다.	V
일을 하는 상황에 사용된 여러 기술에 대한 정보를 수집할 수 있다.	V

일과 관련된 기술을 선택할 때 다양한 기술의 사용에 따른 장단점을 비교할 수 있다.	
⋮	⋮

(2) 다른 사람이 해결하지 못했던 문제를 해결해 본 경험이 있습니까? 혹은 문제해결에 도움을 준 경험이 있다면 어떠한 방법을 사용하였는지 설명해 주십시오.

● 기존의 방법이나 이미 알려진 방법 이외의 새로운 방법으로 문제를 해결한 경험을 질문하고 이를 통해 새로운 차원의 시도나 도전의 필요성 인식을 파악한다.

● 탐색질문 예시

– 어떤 문제 혹은 어떤 상황이었습니까?

– 어떤 방법으로 해결하였습니까?

– 구체적인 도구나 방법이 있다면 무엇이었습니까?

– 결과적으로 문제는 종결되었습니까?

● 위 탐색질문을 통하여 면접관은 다음에 있는 행동지표의 실천 여부를 평가한다. 진실한 답변 가운데 다음의 행동지표가 포함되면 높은 평가점수를 받을 수 있다.

행동지표(예)	Check
새로운 기술적 시도를 한다.	V
기술을 통한 새로운 차원의 문제를 해결한 경험이 있다.	V
일을 할 때 기술을 적용한 후 새로운 기술이 요구되면 그것을 학습하고 효과적인 적용방안을 모색한다.	
⋮	⋮

(3) 우리 회사가 시장에서 우위를 선점하기 위해 고려해야 할 사항은 무엇입니까?

● 지원하는 회사의 기술에 대한 이해와 기술혁신의 중요성을 파악하고자 한다.

● 탐색질문 예시

  – 기술에 어떤 효과가 있습니까?

  – 구체적인 적용방법은 무엇입니까?

  – 한계점이나 제약점에는 어떤 것이 있습니까?

● 위 탐색질문을 통하여 면접관은 다음에 있는 행동지표의 실천 여부를 평가한다. 진실한 답변 가운데 다음의 행동지표가 포함되면 높은 평가점수를 받을 수 있다.

행동지표(예)	Check
기술의 원리와 절차, 그리고 기술 시스템에 대해 설명할 수 있다.	∨
기술혁신의 의미와 중요성에 대해 설명할 수 있다.	∨
기술의 변화와 미래에 요구되는 기술을 설명할 수 있다.	
실패한 기술이 우리사회에 미치는 영향에 대해 설명할 수 있다.	
⋮	⋮

4. 조직이해능력 취업대비

가. 조직이해능력이란

조직은 인간과 분리할 수 없다. 우리는 산부인과라는 조직에서 태어나 장의사라는 조직을 거쳐 세상을 떠난다. 우리가 입고 있는 옷, 먹는 음식 등 모든 것이 조직에서 나왔다.

조직은 기원전 약 1,500여 년 전부터 탄생되었다고 한다. 구약 출애굽기에서 모세는 이스라엘 백성을 거느리고 애굽을 탈출하여 지금의 광야인 시나이반도에서 머물렀다. 그때 수많은 백성의 지도자는 모세 단 한 사람이었다. 모세는 백성들의 어려움을 해결해 주고 서로 간의 다툼을 재판해 줄 10명의 제자를 키웠다. 또 그 10명의 제자는 다시 10명의 제자를 키웠다. 이들은 수많은 백성의 어려움을 해결하고 재판을 했다. 모세 한 사람이 할 때보다 훨씬 더 효율적이었다. 이를 우리는 조직의 기원이라 할 수 있다.

또 조직은 여러 사람으로 구성된 단체이다. 그리고 환경에 적응하여 생존하여야 한다. 그래서 조직은 복잡할 수밖에 없다. 이러한 조직을 잘 이해하고 적응하는 것이 필요하다.

NCS에서는 조직이해능력을 다음과 같이 정의하고 있다.

"조직이해능력은 직업인이 자신이 속한 조직의 경영과 체제업무를 이해하고 직장생활과 관련된 국제감각을 가지는 능력을 의미한다. 직업인은 조직의 한 구성원으로서 조직의 경영, 체제, 업무 등의 구성요소와 조직을 둘러싼 환경을 이해하는 조직이해능력의 함양이 필수적이다."

또한 조직이해능력은 경영이해능력, 체제이해능력, 업무이해능력, 국제감각의 하위능력으로 구성된다.

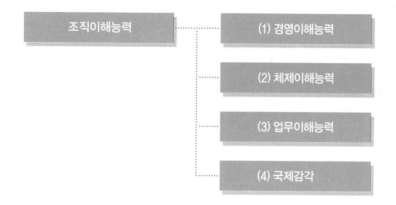

나. 하위능력과 행동지표

(1) 경영이해능력

■ 경영이해능력 정의

경영이해능력은 직업인이 자신이 속한 조직의 경영목표와 경영방법을 이해하는 능력이다. 직업인은 조직의 구성원으로서 직장생활을 하는 동안에 경영자가 수행하는 조직의 목적과 전략을 이해할 필요가 있다. 따라서 경영원리를 이해하고 경영상의 문제점을 개선하는 경영이해능력의 함양이 요구된다.

■ 경영이해능력 행동지표

경영이해능력 행동지표는 네 가지로 구성되어 있다. 첫째는 "나는 경영의 의미와 과정을 설명할 수 있다."이고, 둘째는 "나는 조직에서 의사결정이 어떻게 이루어지는지 설명할 수 있다."이다. 그리고 셋째는 "나는 내가 속한 조직의 경영전략을 설명할 수 있다."이고, 넷째는 "나는 근로자들이 조직경영에 참여하는 방법을 설명할 수 있다."이다. 즉 경영에 대한 의미와 이에 관련된 전략, 그리고 의사결정의 과정을 이해한다는 내용이다.

특히 "나는 내가 속한 조직의 경영전략을 설명할 수 있다."와 "나는 조직에서 의사결정이 어떻게 이루어지는지 설명할 수 있다."가 중요하다. 사실 조직은 생각보다 복잡하다. 특히 하위직급의 직원이 경영구조나 경영의사결정을 100% 이해한다고 보기는 사실 어렵다. 경영학자 마치는 조직을 "쓰레기통과 같다."고도 했다.

따라서 취업에 도전하는 학생들이나 신입직원들은 부정적 시각이나 자신의 생각으로 경영 전체나 경영의사결정을 판단하기보다는 이해하려 노력하는 것이 중요하다.

:: 표 5.15 경영이해능력 행동지표

문항	그렇지 않은 편이다	보통 이다	그런 편이다
나는 경영의 의미와 과정을 설명할 수 있다.	1	2	3
나는 조직에서 의사결정이 어떻게 이루어지는지 설명할 수 있다.	1	2	3
나는 내가 속한 조직의 경영전략을 설명할 수 있다.	1	2	3
나는 근로자들이 조직경영에 참여하는 방법을 설명할 수 있다.	1	2	3

〈출처:www.ncs.go.kr〉

(2) 체제이해능력

■ 체제이해능력 정의

체제이해능력은 조직의 구조와 목적, 체제 구성요소, 규칙, 규정 등을 이해하는 능력이다. 직업인은 자신이 속한 조직이 사회적, 조직적, 기술적으로 어떻게 작용하고 작동하는지를 이해했을 때 조직의 요구에 효과적으로 부응할 수 있다. 따라서 조직체제의 다양한 요소의 작용원리를 이해하고 문제점을 개선할 수 있는 체제이해능력의 함양이 요구된다.

■ 체제이해능력 행동지표

체제이해능력 행동지표는 다음 네 가지로 구성되어 있다. 첫째는 "나는 내가 속한 조직의 목표를 설명할 수 있다."이고, 둘째는 "나는 내가 속한 조직의 구조를 설명할 수 있다."이다. 그리고 셋째는 "나는 내가 속한 조직문화의 특징을 설명할 수 있다."이고, 넷째는 "나는 내가 속한 집단의 특성을 설명할 수 있다."이다. 즉 조직의 구조나 문화에 대한 이해능력을 말한다.

이 가운데 "나는 내가 속한 조직의 목표를 설명할 수 있다."와 "나는 내가 속한 조직의 구조를 설명할 수 있다.", 그리고 "나는 내가 속한 조직문화의 특징을 설명할 수 있다."가 중요하다. 한 조직은 다른 조직과 다른 문화와 구조를 가지고 있다. 사실 조직이해능력이란 좁게 해석하면 그 조직에 대한 문화와 구조를 이해하는 것이기도 하다. 조직의 문화나 구조에 따라 조직의 의사결정이나 행동이 결정되기 때문이다.

따라서 취업에 도전하는 학생들이나 신입직원들은 가능하면 빠른 시일에 소속하고자 하는 조직이나 소속 조직에 대한 문화와 구조를 이해하는 것이 필요하다. 이를 위하여 산업에 대한 이해와 조직의 역사에 대한 이해가 선행되어야 한다.

또한 선배나 멘토를 통하여 조직의 문화와 구조를 이해하는 것도 효과적인 방법일 것이다.

::표 5.16 체제이해능력 행동지표

문항	그렇지 않은 편이다	보통 이다	그런 편이다
나는 내가 속한 조직의 목표를 설명할 수 있다.	1	2	3
나는 내가 속한 조직의 구조를 설명할 수 있다.	1	2	3

(계속)

나는 내가 속한 조직문화의 특징을 설명할 수 있다.	1	2	3
나는 내가 속한 집단의 특성을 설명할 수 있다.	1	2	3

〈출처:www.ncs.go.kr〉

(3) 업무이해능력

■ 업무이해능력 정의

업무이해능력은 직업인이 자신에게 주어진 업무의 성격과 내용을 알고 그에 필요한 지식, 기술, 행동을 확인하는 능력이다. 조직생활에서 가장 기본이 되는 직업인의 역할은 자신의 업무를 효과적으로 수행하는 것이다. 주어진 업무의 특성을 파악하고 조직 내에서 업무처리 절차를 이해하는 업무이해능력은 업무를 효과적으로 수행하는 데 기초가 된다.

■ 업무이해능력 행동지표

업무이해능력 행동지표는 세 가지로 구성되어 있다. 첫째는 "나는 나의 업무 특성을 설명할 수 있다."이고, 둘째는 "나는 적절한 업무수행 계획을 수립할 수 있다."이다. 그리고 셋째는 "나는 업무수행의 방해요인을 확인할 수 있다."이다. 즉 업무수행 계획의 수립과 업무 특성에 대한 이해능력을 말한다.

이 가운데 "나는 나의 업무 특성을 설명할 수 있다."와 "나는 적절한 업무수행 계획을 수립할 수 있다."이다. 사실 업무를 이해한다는 것은 업무에 대한 설명과 계획수립이라고 할 수 있다. 여기서 계획이란 개선을 포함하기도 한다.

조직이해능력은 사실 자신이 수행해야 할 업무에 대한 이해가 우선일 것이다. 조직은 여러 사람이 각자의 역할을 하는 것을 전제로 한다. 따라서 각 구성원은 가장 기본적으로 자신이 맡은 업무에 대하여 누구보다도 전문가가 되어야 한다.

문항	그렇지 않은 편이다	보통 이다	그런 편이다
나는 나의 업무 특성을 설명할 수 있다.	1	2	3
나는 적절한 업무수행 계획을 수립할 수 있다.	1	2	3
나는 업무수행의 방해요인을 확인할 수 있다.	1	2	3

〈출처:www.ncs.go.kr〉

(4) 국제감각

■ 국제감각 정의

국제감각은 직장생활을 하는 동안에 다른 나라의 문화를 이해하고 국제적인 동향을 이해하는 능력이다. 오늘날 21세기 지구촌은 국경을 초월한 개방화, 정보화, 세계화가 이루어지고 있으며, 직업인은 직장생활 중에 국제적인 동향을 고려하고 다른 나라 사람들과 함께 일하는 경우가 많아졌다. 따라서 세계화 시대에 능력 있는 직업인이 되기 위해서는 국제감각을 길러야 한다.

■ 국제감각 행동지표

국제감각의 행동지표는 다음 네 가지로 구성되어 있다. 첫째는 "나는 국제감각을 길러야 하는 필요성을 설명할 수 있다."이고, 둘째는 "나는 다른 나라 문화를 이해하는 방법을 설명할 수 있다."이다. 그리고 셋째는 "나는 전공과 관련된 국제동향을 파악할 수 있다."이고, 넷째는 "나는 글로벌 시대의 국제매너를 갖추고 있다."이다.

이 가운데 두 번째와 네 번째가 중요한 행동이다. 또 글로벌 시대에 갖추어야 할 직업인의 행동지침이기도 하다. 두 번째는 "나는 다른 나라 문화를 이해하는 방법을 설명할 수 있다."이고 네 번째는 "나는 글로벌 시대의 국제매너를 갖추고 있다."이다.

최근 들어 우리나라의 많은 기업이 글로벌 시장에 진출하고 있다. 또 많은 해외 브랜드가 국내에 수입되었다.

따라서 국제감각이야말로 글로벌 시대에 꼭 갖추어야 할 직업인의 능력이다. 다른 나라 사람들의 의식구조나 행동은 물론 이들의 문화를 이해하고 글로벌 시대에 경쟁력 있는 인재가 되어야 할 것이다.

:: 표 5.18 국제감각 행동지표

문항	그렇지 않은 편이다	보통 이다	그런 편이다
나는 국제감각을 길러야 하는 필요성을 설명할 수 있다.	1	2	3
나는 다른 나라 문화를 이해하는 방법을 설명할 수 있다.	1	2	3
나는 전공과 관련된 국제동향을 파악할 수 있다.	1	2	3
나는 글로벌 시대의 국제매너를 갖추고 있다.	1	2	3

〈출처:www.ncs.go.kr〉

다. 지원서 작성 예시

(1) 귀하가 이해할 수 없었던 기업의 의사결정이 있었습니까? 어떤 것이
    었습니까? 그 이유는 무엇입니까? 그래서 귀하는 어떻게 했습니까?

> * 이 질문은 조직이해능력 가운데 **경영이해능력**을 확인하는 것이다. 따라서 경영이해능력의 행
> 동기준과 관련된 내용이 포함되어야 한다.

(2) 현재까지 귀하는 어떤 조직에 소속되어 있었습니까? 그 조직들 간의
    의사결정방식이 서로 다른 점은 어떤 측면이었습니까?

> * 이 질문은 조직이해능력 가운데 **체제이해능력**을 확인하는 것이다. 따라서 체제이해능력의 행
> 동기준과 관련된 내용이 포함되어야 한다.

(3) 만약 귀하가 입사하게 되어 업무를 담당한다면 어떤 점이 가장 어려울 것으로 생각하십니까?

> * 이 질문은 조직이해능력 가운데 **업무이해능력**을 확인하는 것이다. 따라서 업무이해능력의 행동기준과 관련된 내용이 포함되어야 한다.

(4) 이해하기 곤란했던 외국 사람의 행동이나 특성을 경험해 본 적이 있습니까? 어떤 점이 이해가 되지 않았습니까?

> * 이 질문은 조직이해능력 가운데 **국제감각**을 확인하는 것이다. 따라서 국제감각의 행동기준과 관련된 내용이 포함되어야 한다.

라. 필기시험

| Q 1 | 다음 글을 읽고 사례의 의미와 가장 거리가 <u>먼</u> 내용은 무엇인가?

> 한 이동통신회사에서 있었던 일이다. 2000년 어느 날 A 이동통신회사는 중계기를 확대하여 난청지역을 해소하기로 하였다. 그래서 임원회의에서 중계기를 어디에 설치하면 좋을지 의견을 모았다. 만장일치로 주요소와 교회 첨탑에 중계기를 설치 하기로 합의하였다. 각 담당자들이 중계기를 설치하기 위하여 교회에 갔다. 교회에서는 중계기를 설치하는 대가로 기부금을 요구하였다.

① 조직의 의사결정은 복잡하다.
② 의사결정은 또 다른 의사결정을 가져온다.
③ 기부를 하지 않겠다고 하고 다른 방법을 찾는다.
④ 조직은 의사결정의 연속이다.

정 답 ③

| Q 2 | 다음 중 경영의 구성요소가 <u>아닌</u> 것은?

① 인적자원
② 운영체제
③ 자금
④ 경영목적

정 답 ②

해 설 경영은 경영목적, 인적자원, 자금, 경영전략의 4요소로 구성된다.

| Q 3 | 다음 조직의 유형에 대한 설명 중 **틀린** 것을 고르시오.

① 기업은 대표적인 영리조직에 해당된다.

② 조직의 발달 역사를 보면 공식 조직에서 자유로운 비공식 조직으로 발전해 왔다.

③ 공식 조직 내에서 비공식 조직들이 새롭게 생성되기도 한다.

④ 최근 다국적 기업과 같은 대규모 조직이 증가하는 추세이다.

정답 ②

해설 조직이 발달해 온 역사를 보면 비공식조직으로부터 공식화가 진행되어 공식조직으로 발전해 왔다.

| Q 4 | 다음 중 경영자의 역할에서 정보적 역할에 해당하는 설명을 고르시오.

① 대외적으로 조직을 대표하고, 대내적으로 조직을 이끄는 역할을 한다.

② 조직 내 문제를 조정하고 해결한다.

③ 대외적 협상을 주도하며 자원배분자로서의 역할을 한다.

④ 조직을 둘러싼 외부 환경의 변화를 모니터링하여 전달하는 역할을 한다.

정답 ④

| Q 5 | 다음 중 조직의 체제를 구성하는 요소에 대한 설명으로 <u>틀린</u> 것을 고르시오.

① 조직목표는 조직이 달성하려는 현재의 상태를 의미한다.
② 조직의 구조는 조직 내 부문 사이에 형성된 조직구성원들의 공유된 생활양식이나 가치이다.
③ 구성원들의 임무, 수행과업, 일하는 장소를 알아보는 데 유용하다.
④ 조직의 규칙과 규정은 조직구성원들의 행동범위를 정하고 일관성을 부여한다.

정답 ①

| Q 6 | 다음은 조직의 업무에 대한 설명이다. 이 중 적합하지 <u>않은</u> 것을 고르시오.

① 조직의 업무는 조직 전체 목적을 달성하기 위해 배분된다.
② 업무구조는 조직을 수평으로 분할하는 것으로 업무의 종류, 성격, 범위에 따라 나누어진다.
③ 조직의 업무체계에 있어 직위는 하나의 업무가 차지하는 위치를 의미한다.
④ 직업인이 업무를 공적으로 수행할 수 있는 힘을 업무권한이라고 한다.

정답 ②

┃ Q 7 ┃ 다음 중 조직변화의 유형에 대한 설명으로 틀린 것을 고르시오.

① 조직변화는 환경변화에 따른 것으로 어떤 환경변화가 있느냐는 어떻게 조직을 변화시킬 것인가에 지대한 영향을 미친다.
② 조직의 목적과 일치시키기 위해 문화를 변화시키기도 한다.
③ 제품이나 서비스에 대한 변화는 기존 제품이나 서비스에 문제점이 발생할 때 뿐만 아니라 새로운 시장을 확대하기 위해서도 이루어진다.
④ 조직변화는 기존의 조직구조나 경영방식 하에서 환경변화에 따라 제품이나 기술을 변화시키는 것이다.

정답 ④

┃ Q 8 ┃ 맥킨지에 의해 개발된 조직문화의 일곱 가지 구성요소 중 조직의 전략을 수행하는 데 필요한 틀로서 구성원의 역할과 그들 간의 상호관계를 지배하는 공식요소를 무엇이라 하는가?

① 리더십스타일(Style)
② 관리기술(Skill)
③ 구조(Structure)
④ 공유가치(Shared Value)

정답 ③

| Q9 | 다음 중 조직문화의 기능으로 볼 수 <u>없는</u> 것은?

① 구성원의 정체성 부여
② 구성원의 일탈행동 통제
③ 구성원의 업무 몰입도 향상
④ 조직 안정성 유지

정답 ③

| Q10 | 다음 조직목표의 개념 및 특징에 대한 설명으로 가장 거리가 <u>먼</u> 것을 고르시오.

① 조직목표는 조직구성원들의 의사결정 기준이 된다.
② 조직목표 중 공식적인 목표인 사명은 측정 가능한 장기적인 목표이다.
③ 조직구성원의 업무수행 결과에 따라 조직목표의 달성이 좌우된다.
④ 조직목표는 환경요인이나 내부요인에 의해 변동되거나 없어지기도 한다.

정답 ②

마. 면접질문 예시

(1) 귀하가 이해할 수 없었던 기업의 의사결정 사례가 있다면 예를 들어
   보십시오.

● 의사결정이 기업에서 중요하다는 사실의 이해 정도를 파악하는 질
   문이다.

● 언론 등을 통해 비판적으로 생각했던 기업의 의사결정 사례(예 : 무
   리한 사업 확장, M&A, 경영자 승계 등)를 중심으로 답하면 된다.

● 탐색질문 예시

   – 어떤 문제나 상황이었습니까?

   – 구체적인 의사결정의 내용은 무엇이었습니까?

   – 그래서 귀하가 취한 행동은 무엇입니까?

● 위 탐색질문을 통하여 면접관은 다음에 있는 행동지표의 실천 여부
   를 평가한다. 진실한 답변 가운데 다음의 행동지표가 포함되면 높은
   평가점수를 받을 수 있다.

행동지표(예)	Check
경영의 의미와 과정을 알 수 있다.	∨
조직에서 의사결정이 어떻게 이루어지는지 설명할 수 있다.	∨
근로자들이 조직경영에 참여하는 방법을 설명할 수 있다.	
⋮	⋮

⑵ 귀하는 현재까지 알게 모르게 여러 조직에 속했을 겁니다. 그 조직들 가운데 의사결정방식이 서로 다른 조직은 어떤 조직이었습니까?

● 조직마다 목적이 다르고 문화가 다르다는 것을 이해하고 있는지를 파악하는 질문이다.

● 공기업과 사기업, 소규모 기업과 대기업 등 구조나 문화가 상이하다는 것을 설명하면 된다.

● 탐색질문 예시

– 어떤 상황이었습니까?

– 구체적 내용은 무엇이었습니까?

– 어떤 차이를 느꼈습니까?

● 위 탐색질문을 통하여 면접관은 다음에 있는 행동지표의 실천 여부를 평가한다. 진실한 답변 가운데 다음의 행동지표가 포함되면 높은 평가점수를 받을 수 있다.

행동지표(예)	Check
각 조직의 목표를 안다.	∨
각 조직의 구조를 설명할 수 있다.	∨
각 조직의 조직문화의 특징을 설명할 수 있다.	
자신이 속한 집단의 특성을 설명할 수 있다.	
⋮	⋮

(3) 만약 귀하가 입사하게 되어 업무를 담당한다면 어떤 점이 가장 어려울
    것으로 생각하십니까?

- 조직이 항상 효율적인 것은 아니다.

- 소비자 요구, 정부규제 등 조직의 효율적 결정을 저해하는 많은 요
  인이 있다. 이를 고려하여 답변한다.

- 탐색질문 예시

  – 어떤 문제 혹은 어떤 상황이었습니까?

  – 어떤 내용이었습니까?

  – 구체적으로 귀하가 취한 행동은 무엇이었습니까?

  – 결과는 어떻게 되었습니까?

- 위 탐색질문을 통하여 면접관은 다음에 있는 행동지표의 실천 여부
  를 평가한다. 진실한 답변 가운데 다음의 행동지표가 포함되면 높은
  평가점수를 받을 수 있다.

행동지표(예)	Check
자신의 업무 특성을 설명할 수 있다.	∨
적절한 업무수행 계획을 수립할 수 있다.	∨
업무수행의 방해요인을 확인할 수 있다.	
⋮	⋮

(4) 이해하기 곤란했던 외국 사람의 행동이나 특성을 경험해 본 적이 있으십니까? 어떤 점이 이해가 되지 않았습니까?

- 다양한 문화에 대한 이해 여부를 평가하는 질문이다.

- 타문화를 이해하고 국제매너의 필요성을 인식하며 답변한다.

- 탐색질문 예시

  - 어떤 문제 혹은 어떤 상황이었습니까?

  - 어떤 내용이었습니까?

  - 구체적으로 귀하가 취한 행동은 무엇입니까?

- 위 탐색질문을 통하여 면접관은 다음에 있는 행동지표의 실천 여부를 평가한다. 진실한 답변 가운데 다음의 행동지표가 포함되면 높은 평가점수를 받을 수 있다.

행동지표(예)	Check
국제감각을 길러야 하는 필요성을 설명할 수 있다.	∨
다른 나라의 문화를 이해하는 방법을 설명할 수 있다.	∨
글로벌 시대의 국제매너를 갖추고 있다.	
⋮	⋮

5. 직업윤리 취업대비

가. 직업윤리란

기업의 규모가 증대하고 기업이 미치는 사회적 영향이 확대되면서 기업은 단순히 이익을 내는 하나의 이익집단이 아니고 사회라는 조직 속에서 그 존재 의미가 인식되어야 한다. 특히 21세기 초엽에 들어 미국 일부 기업의 회계부정 사건 등은 주식시장은 물론이고 선량한 투자자들에게까지 경제적 손실을 끼쳤다. 이처럼 기업이 사회에 미치는 영향은 지대하고 또 일부 기업은 투자자는 물론이고 소비자를 비롯한 일반 시민에게도 막대한 영향을 미친다.

따라서 기업의 구성원으로서 우리는 철저한 윤리의식을 소유하여야 하고 각각의 업무활동에서도 윤리적 기반하에서 행동하여야 한다.

NCS에서는 직업윤리를 아래와 같이 정의하고 있다.

"우리들의 직업활동은 수많은 사람과 관계를 맺고 상호작용을 하는 것이기 때문에, 직업인은 자신의 직업활동을 수행함에 있어 사람과 사람 사이에 지켜야 할 윤리적 규범을 따라야 한다. 왜냐하면 '윤리'는 사람과 사람의 관계에서 우리가 마땅히 지켜야 할 사회적 규범이기 때문이다. 이와 같은 직업윤리는 우리들의 공동체적인 삶에 있어서 매우 중요한 역할을 한다."

: : **표 5.19** 직업윤리의 하위능력

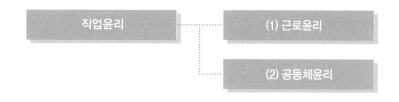

또 직업윤리는 〈표 5.19〉와 같이 '근로윤리'와 '공동체윤리'의 하위요소로 구성된다.

나. 하위능력과 행동지표

직업윤리는 근로윤리와 공동체윤리의 두 가지 하위능력으로 구성된다. 중요한 것은 각 하위능력에 대한 구체적인 행동지표이다. 하위능력은 구체적으로 어떤 행동으로 구성되는지를 인식하여 실제 이런 행동경험을 쌓는 것이 중요하다.

(1) 근로윤리

■ 근로윤리 정의

원만한 직업생활을 위해 직업인이 갖추어야 할 직업윤리 중에서 일에 대한 존중을 바탕으로 근면하고 성실하며 또한 정직하게 업무에 임하는 자세인 근로윤리가 매우 중요하다.

■ 근로윤리 행동지표

근로윤리는 여덟 가지 행동지표로 구성된다. 첫째는 "나는 내가 세운 목표를 달성하기 위해 규칙적이고 부지런한 생활을 유지한다."이고, 둘째는 "나는 직장생활에서 정해진 시간을 준수하며 생활한다."이다. 셋째는 "나는 이익이 되는 일보다는 옳고 유익한 일을 하려고 한다."이고 넷째는 "나는 일을 하는데 있어 이익이 되더라도 윤리규범에 어긋나는 일은 지적하는 편이다."이다. 그리고 다섯째는 "나는 조직 내에서 속이거나 숨김없이 참되고 바르게 행동하려 노력한다."이고, 여섯째는 "나는 지킬 수 있는 약속만을 말하고 메모하여 지키려고 노력한다."이다. 일곱째는 "나는 내가 맡은 일을 존중하고 자부심이 있으며, 정성을 다하여 처리한다."이고, 여덟째는 "나는 건전한 직장생활을 위해 검소한 생활 자세를 유지하고 심신을 단련하는 편이다."이다.

여기서 가장 중요한 행동지표는 "나는 일을 하는 데 있어 이익이 되더라도 윤리규범에 어긋나는 일은 지적하는 편이다."와 "나는 조직 내에서 속이거나 숨김없이 참되고 바르게 행동하려 노력한다.", 그리고 "나는 지킬 수 있는 약속만을 말하고 메모하여 지키려고 노력한다."이다. 이 세 가지가 결여되었을 때 근로윤리는 실천될 수 없으며 비윤리적인 기업으로 전락한다.

:: 표 5.20 근로윤리 행동지표

문항	그렇지 않은 편이다	보통이다	그런 편이다
나는 내가 세운 목표를 달성하기 위해 규칙적이고 부지런한 생활을 유지한다.	1	2	3
나는 직장생활에서 정해진 시간을 준수하며 생활한다.	1	2	3
나는 이익이 되는 일보다는 옳고 유익한 일을 하려고 한다.	1	2	3
나는 일을 하는 데 있어 이익이 되더라도 윤리규범에 어긋나는 일은 지적하는 편이다.	1	2	3
나는 조직 내에서 속이거나 숨김없이 참되고 바르게 행동하려 노력한다.	1	2	3
나는 지킬 수 있는 약속만을 말하고 메모하여 지키려고 노력한다.	1	2	3
나는 내가 맡은 일을 존중하고 자부심이 있으며, 정성을 다하여 처리한다.	1	2	3
나는 건전한 직장생활을 위해 검소한 생활 자세를 유지하고 심신을 단련하는 편이다.	1	2	3

〈출처:www.ncs.go.kr〉

(2) 공동체윤리

■ 공동체윤리 정의

원만한 직업생활을 위해 직업인이 갖추어야 할 직업윤리 중에서 인간존중을 바탕으로 봉사하며 책임감 있게 규칙을 준수하고 예의 바른 태도로 업무에 임하는 자세인 공동체윤리가 매우 중요하다. 공동체윤리를 실천하기 위해서는 '봉사(서비스)', '책임', '준법', '예절', 등의 자세가 중요한 역할을 한다.

■ 공동체윤리 행동지표

공동체윤리는 여덟 가지 행동지표로 구성된다. 첫째는 "나는 내 업무보다 다른 사람의 업무가 중요할 때 다른 사람의 업무도 적극적으로 도와주는 편이다."이고, 둘째는 "나는 평소에 나 자신의 이익도 중요하지만 국가, 사회, 기업의 이익도 중요하다고 생각하는 편이다."이다. 셋째는 "내가 속한 조직에 힘들고 어려운 일이 있으면 지시받기 전에 자율적으로 해결하려고 노력하는 편이다."이고 넷째는 "내가 속한 조직에 주어진 업무는 제한된 시간까지 처리하려고 하는 편이다."이다. 그리고 다섯째는 "나는 속한 조직에서 책임과 역할을 다하며 자신의 권리를 보호하기 위해 노력한다."이고, 여섯째는 "나는 업무를 수행함에 있어 조직의 규칙과 규범에 따라 업무를 수행하는 편이다."이다. 일곱째는 "나는 조직생활에 있어서 공과 사를 구별하고 단정한 몸가짐을 하는 편이다."이고, 여덟째는 "나는 질책보다는 칭찬이나 격려 등의 긍정적인 언행을 하는 편이다."이다.

여기서 가장 중요한 행동지표는 "나는 내 업무보다 다른 사람의 업무가 중요할 때 다른 사람의 업무도 적극적으로 도와주는 편이다."와 "나는 평소에 나 자신의 이익도 중요하지만 국가, 사회, 기업의 이익도 중요하다고 생각하는 편이다."이다. 그리고 "내가 속한 조직에 힘들고 어려운 일이 있으면 지시받기 전에 자율적으로 해결하려고 노력하는 편이다."와 "나는 조직생활에 있어서 공과 사를 구별하고 단정한 몸가짐을 하는 편이다."이다. 이 네 가지가 결여되었을 때 공동체윤리는 실천될 수 없으며 조직체 전체보다 개인 간의 갈등이 커지게 된다.

:: 표 5.21 공동체윤리 행동지표

문항	그렇지 않은 편이다	보통 이다	그런 편이다
나는 내 업무보다 다른 사람의 업무가 중요할 때 다른 사람의 업무도 적극적으로 도와주는 편이다.	1	2	3
나는 평소에 나 자신의 이익도 중요하지만 국가, 사회, 기업의 이익도 중요하다고 생각하는 편이다.	1	2	3
내가 속한 조직에 힘들고 어려운 일이 있으면 지시받기 전에 자율적으로 해결하려고 노력하는 편이다.	1	2	3
내가 속한 조직에 주어진 업무는 제한된 시간까지 처리하려고 하는 편이다.	1	2	3
나는 속한 조직에서 책임과 역할을 다하며 자신의 권리를 보호하기 위해 노력한다.	1	2	3
나는 업무를 수행함에 있어 조직의 규칙과 규범에 따라 업무를 수행하는 편이다.	1	2	3
나는 조직생활에 있어서 공과 사를 구별하고 단정한 몸가짐을 하는 편이다.	1	2	3
나는 질책보다는 칭찬이나 격려 등의 긍정적인 언행을 하는 편이다.	1	2	3

〈출처:www.ncs.go.kr〉

다. 지원서 작성 예시

(1) 다른 사람이 신경 쓰지 않는 부분까지 고려해 절차대로 업무(연구)를
수행해 성과를 낸 경험에 대해 구체적으로 서술하십시오.

> * 이 질문은 **공동체윤리**를 확인하고자 하는 것이다. 따라서 공동체윤리와 관련된 행동지표를
> 확인하고 서술하여야 한다.

(2) 직장인으로서 직업윤리가 왜 중요한지 본인의 가치관을 중심으로 설
명하십시오.

> * 이 질문은 **근로윤리**와 **공동체윤리**를 기준으로 직장인의 윤리의식과 자세를 확인하는 것이다.
> 따라서 관련 행동지표를 확인하고 설명하여야 한다.

(3) 사회봉사 및 이타적 행동경험에 대해 서술하십시오.

> * 이 질문은 **공동체윤리**를 확인하고자 하는 것이다. 따라서 공동체윤리 관련 행동지표를 확인하여야 한다.

(4) 자신의 경험에서 정직함으로 인해 좋은 결과가 나타난 사례가 있다면 설명해 보십시오.

> * 이 질문은 **근로윤리**를 확인하고자 하는 것이다. 근로윤리의 행동지표를 확인하고 관련된 사례를 설명하여야 한다.

라. 필기시험

| Q 1 | 다음 중 책임감이 결여된 경우를 고르시오.

① 출퇴근시간을 엄수한다.
② 업무를 위해서는 개인의 시간도 일정 부분 할애한다.
③ 동료의 일은 자신이 알아서 해결하도록 관여하지 않는다.
④ 힘든 업무를 동료의 도움을 받아 해결한 후 정중하게 감사의 뜻을 전한다.

정답 ③

| Q 2 | 다음 글에서서 김 대리는 어떻게 행동하는 것이 가장 올바른 판단인가?

어느 여름 금요일 오후 퇴근시간이 1시간 남짓 지나고 김 대리는 하고 있던 일을 끝내고 가족들과 저녁식사를 하기로 했다. 그런데 갑자기 거래처에서 전화가 왔다. 토요일에 잔업을 해야 하는데 김 대리의 회사가 공급한 에어컨이 고장이 났다고 한다. 가능하면 당장 수리가 필요하다고 한다. 김 대리는 정말 난처한 상황이었다.

① 지금 업무시간이 끝났으니 월요일에 출근하자마자 간다고 한다.
② 지금은 차가 막혀 가는 데 2시간 이상 걸려 어쩔 수 없다고 한다.
③ 팀에서 거래처로 갈 수 있는 직원이 있는지 파악한다.
④ 거래처가 우선이다. 일단 거래처로 달려간다.

정답 ③

| Q 3 | 다음 글에서 ABC 회사는 올바른 행동을 했는가?

세계적인 글로벌 기업인 ABC 사는 새로운 이유식 제품을 개발하였고 이 이유식을 아프리카의 가난한 지역 유아에게 무료로 제공하였다. 그 후 아프리카 지역 유아의 질병이 더 많아졌다. 조사 후 ABC가 제공한 이유식을 먹이기 위하여 병균이 있는 우물의 물을 타서 먹였기 때문으로 밝혀졌다.

① 공짜로 제공하였기에 잘못은 없다.
② 유아의 질병을 관리하지 못한 아프리카 정부에 책임이 있다.
③ 누구의 잘못도 아니다.
④ 깨끗한 물을 사용하지 않으면 질병을 유발할 수 있다는 안내가 부족했던 ABC 사의 잘못이다.

정답 ④

| Q 4 | MOT(moment of truth)에서 단 한 사람에게 0점 서비스를 받는다면 모든 서비스가 0이 되버리는 경우가 있다. 다음 중 서비스 시 지양해야 할 행위로 가장 거리가 <u>먼</u> 것은?

① 이어폰을 꽂고 음악을 듣는 행위
② 서류를 정리하는 행위
③ 고객을 방치하고 업무자끼리 대화하는 행위
④ 큰 소리로 말하는 행위

정답 ④

| Q 5 | 다음은 직장에서의 전화예절에 대한 설명이다. 올바른 것은?

① 전화벨은 4~5번 정도 울린 이후에 받는다.

② 전화해 달라는 메시지를 받았을 경우 가능한 한 48시간 안에 답해 준다.

③ 다른 사람에게 전달할 메시지가 있는 경우 외워 두었다가 다른 사람이 오면 말해 준다.

④ 비서를 통해 전화를 건 후 본인과 바꿔서 통화하는 것이 좋다.

정답 ②

| Q 6 | 다음 명함교환 예절에 대한 설명으로 틀린 것을 고르시오.

① 명함은 상위에 있는 사람이 먼저 꺼내 하위자에게 준다.

② 상대방에게 명함을 받으면 바로 넣지 말고 한두 마디 정도 대화를 건네 본다.

③ 쌍방이 동시에 명함을 꺼낼 때는 왼손으로 교환하고 오른손으로 옮긴다.

④ 명함의 부가정보는 상대방과 만남이 끝난 후 적는 것이 좋다.

정답 ①

| Q 7 | 다음 중 직업윤리의 덕목으로 제시되기 어려운 것을 고르시오.

① 소명의식   ② 명예의식
③ 전문가의식   ④ 봉사의식

정답 ②

| Q8 | 직장 내에서 성희롱 발생 시 대처방법으로 올바르지 <u>않은</u> 것을 고르시오.

① 직접적으로 거부의사를 밝히고 중지할 것을 요청한다.
② 노동조합 등의 내부기관에 도움을 요청한다.
③ 외부단체나 성폭력 상담기관 등에 도움을 요청한다.
④ 증거자료를 수집하고 상대방에 대해 소문을 퍼트린다.

정답 ④

| Q9 | 다음 글을 읽고 김 대리가 갖추어야 할 직장 내 예절로 가장 거리가 <u>먼</u> 것을 고르시오.

같은 부서의 김 대리는 사적인 전화를 사무실에서 아무렇지도 않게 한다. 목소리는 크게 마치 옆 동료에게 들어 보라는 듯 전화기를 잡고 내려놓지를 않는다.
김 대리는 또한 스스로 사교성이 뛰어나다고 착각을 한다. 반말을 섞어 말하는 것이 친근함의 표현이라 믿는 듯하다. 늘 자신감에 찬 모습이 자신의 경쟁력이라 믿지만 객관적으로 보았을 때 시건방에 불과하다.
김 대리에게 회사의 사무실 비품은 개인 물품이 된지 오래이다. 그리고 음식을 먹 을 때 지나치게 집착을 한다. 김 대리와 회식이라도 하는 날은 비위가 상할 정도이다.
그런데 무엇보다도 중요한 것은 이러한 자신의 모습을 김 대리는 전혀 알지 못하고 있다는 사실이다.

① 언어예절　　　　　　② 인사예절
③ 전화예절　　　　　　④ 성예절

정답 ④

| Q10 | 다음 내용이 설명하는 용어를 고르시오.

제조물의 결함으로 인하여 소비자 또는 제3자에게 생명, 신체, 재산상의 손해가 발생했을 경우 해당 제조물의 제조업자나 판매업자에게 손해배상책임을 지게 하는 것을 의미한다.

① RFP   ② PL법

③ MOT   ④ ROE

정답 ②

마. 면접질문 예시

(1) 다른 사람이 신경 쓰지 않는 부분까지 고려해 절차대로 업무(연구)를 수행해 성과를 낸 경험에 대해 구체적으로 말씀해 보십시오.

● 지시나 요청을 받기 전에 자신의 역할이나 책임을 충실히 할 수 있는 지를 평가한다.

● 가족, 학교, 사회에서 스스로 알아서 역할을 수행한 경험을 예로 들어 설명한다.

● 탐색질문 예시

– 어떤 상황이었습니까?

– 구체적으로 어떤 일이었습니까?

– 구체적으로 귀하가 취한 행동은 무엇이었습니까?

– 결과는 어땠습니까?

● 위 탐색질문을 통하여 면접관은 다음에 있는 행동지표의 실천 여부를 평가한다. 진실한 답변 가운데 다음의 행동지표가 포함되면 높은 평가점수를 받을 수 있다.

행동지표(예)	Check
내 업무보다 다른 사람의 업무가 중요할 때 다른 사람의 업무도 적극적으로 도와주는 편이다.	∨
평소에 나 자신의 이익도 중요하지만 국가, 사회, 기업의 이익도 중요하다고 생각하는 편이다.	∨

내가 속한 조직에 힘들고 어려운 일이 있으면 지시받기 전에 자율적으로 해결하려고 노력하는 편이다.	
⋮	⋮

(2) 공동체윤리를 실천한 적이 있습니까? 구체적인 상황을 설명해 보십시오.

- 개인의 이익보다 소속집단이나 전체를 우선하여 행동한 경험을 설명하면 된다.

- 전체를 위해 개인을 희생한 경험을 설명하면 된다.

- 탐색질문 예시

 – 어떤 상황이었습니까?

 – 구체적으로 어떤 과제 혹은 어떤 일이었습니까?

 – 구체적으로 귀하가 취한 행동은 무엇이었습니까?

 – 결과는 어땠습니까?

- 위 탐색질문을 통하여 면접관은 다음에 있는 행동지표의 실천 여부를 평가한다. 진실한 답변 가운데 다음의 행동지표가 포함되면 높은 평가점수를 받을 수 있다.

행동지표(예)	Check
내 업무보다 다른 사람의 업무가 중요할 때 다른 사람의 업무도 적극적으로 도와주는 편이다.	∨
나는 평소에 나 자신의 이익도 중요하지만 국가, 사회, 기업의 이익도 중요하다고 생각하는 편이다.	∨
내가 속한 조직에 힘들고 어려운 일이 있으면 지시받기 전에 자율적으로 해결하려고 노력하는 편이다.	
⋮	⋮

(3) 개인의 이익보다 소속 조직의 이익을 우선하여 행동한 적이 있습니까? 어떤 상황이었는지 설명해 보십시오.

● 개인의 이익보다 소속 공동체의 이익을 우선한 경험을 설명하면 된다.

● 탐색질문 예시

– 어떤 상황이었습니까?

– 어떤 일이나 과업이었습니까?

– 구체적으로 귀하가 취한 행동은 무엇입니까?

– 결과는 어떻게 되었습니까?

● 위 탐색질문을 통하여 면접관은 다음에 있는 행동지표의 실천 여부

를 평가한다. 진실한 답변 가운데 다음의 행동지표가 포함되면 높은 평가점수를 받을 수 있다.

행동지표(예)	Check
내 업무보다 다른 사람의 업무가 중요할 때 다른 사람의 업무도 적극적으로 도와주는 편이다.	V
나는 평소에 나 자신의 이익도 중요하지만 국가, 사회, 기업의 이익도 중요하다고 생각하는 편이다.	V
내가 속한 조직에 힘들고 어려운 일이 있으면 지시받기 전에 자율적으로 해결하려고 노력하는 편이다.	
⋮	⋮

(4) 정직함으로 인해 좋은 결과가 나타난 경험이 있다면 사례를 들어 설명해 보십시오.

● 정직함으로 인하여 결국 이득을 얻었던 경험이나 어떤 경우에도 정직함을 지켜야 한다는 사실을 강조해서 답변하면 된다.

● 탐색질문 예시

– 어떤 상황이었습니까?

– 구체적으로 귀하가 취한 행동은 무엇입니까?

– 어떤 결과가 있었습니까?

● 위 탐색질문을 통하여 면접관은 다음에 있는 행동지표의 실천 여부를 평가한다. 진실한 답변 가운데 다음의 행동지표가 포함되면 높은 평가점수를 받을 수 있다.

행동지표(예)	Check
일을 하는 데 있어 이익이 되더라도 윤리규범에 어긋나는 일은 지적하는 편이다.	∨
조직 내에서 속이거나 숨김없이 참되고 바르게 행동하려 노력한다.	∨
지킬 수 있는 약속만을 말하고 메모하여 지키려고 노력한다.	
⋮	⋮

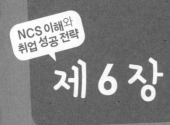
NCS 이해와 취업전략

1. 기업이 원하는 인재

"도전, 끈기, 책임감…"

가. 밥을 빨리 먹는 인재

지방 중소기업인 일본전산은 창업초기인 1970년대 중반 공개채용을 시작하였다. 그러나 회사의 소재지가 지방이고 아직 회사가 알려지지 않아 응시자는 거의 없었다. 일본전산의 나가모리 사장은 동경에 있는 좋은 은행을 빌려 면접을 보고자 다시 채용광고를 냈다. 그래도 응시자는 부족했다.

고민 끝에 그는 '일 잘하는 사람'의 특성이 무엇인지에 대하여 여러 가지 경험을 토대로 결론을 내렸다. 학점이 좋고 학교가 좋은 사람은 조금만 힘들어도 나간다. 진짜 일 잘하는 사람은 '끈기'가 있어야 하고, '스피드'가 있어야 하며 또 '자신감'이 있어야 한다.

그래서 그는 오래 달리기를 시켰고 딱딱한 밥과 멸치, 콩 등으로 된 도시락을 빨리 먹는 사람을 뽑았으며 목소리가 큰 사람을 뽑았다. 오래 달리기에서 끈기를 평가했다. 빨리 뛰다 쉬는 사람보다는 끝까지 쉬지 않고 뛰는 사람을 뽑았다. 또 몰래 도시락을 먹는 시간을 측정하여 도시락을 빨리 먹는 사람을 뽑았다. 나가모리 사장은 "밥을 빨리 먹고 용변을 빨리 보는 사람이 신속하게 업무를 처리한다."고 했다. 물론 의학적인 근거는 없을 가능성이 크다. 그리고 면접할 때 크게 응답하는 사람을 뽑았다. 목소리가 큰 것은 자신감의 표현이라고 생각해서이다.

이런 인재로 구성된 일본전산은 빠른 고객응대, 끈기 있는 업무로 고속 성장을 했고 현재 일본뿐만 아니라 세계에서도 알아주는 계열사가 100개가 넘는 기업으로 성장하였다.

나. 100대 기업의 인재상

우리나라 100대 기업이 원하는 인재상을 분석한 결과, 공통적으로 '도전정신', '주인의식', '전문성', '창의성', '도덕성'의 순으로 조사되었다.

:: **그림 6.1** 100대 기업의 인재상 다섯 가지

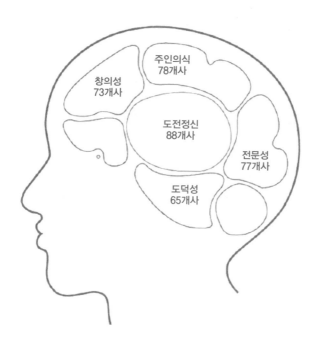

구체적으로 새로운 아이디어를 제시하거나 독창성을 말하는 '창의성', 해당 분야에서의 최고나 전문지식을 말하는 '전문성', 새로운 세계로의 도전과 모험을 추구하는 '도전정신', 책임감이나 자율성을 강조하는 '주인의식', 그리고 정직하고 인간미를 나타내는 '도덕성'이 가장 중요한 것으로 나타났다.

여기에 '팀워크', '글로벌 역량', '열정', '실행력' 등이 뒤를 잇고 있다.

:: 표 6.1 100대 기업의 인재상

창의성	상상, 창의, 인식 전환, 독창, 가치 창출 등
전문성	최고, 전문, IT활용능력, 자기개발, 프로, 실력, 탁월 등
도전정신	개척, 모험, 도전, 과감한 시도, 위험 감수, 변화 선도 등
도덕성	도덕성, 인간미, 정직, 신뢰, 무결점, 원칙 준수 등
팀워크	협력, 동료애, 팀워크, 공동체 의식, 배려 등
글로벌 역량	글로벌 마인드, 열린 사고, 국제적 소양, 어학능력 등
열정	열정, 승부근성, 체력, 건강, 자신감 등
주인의식	책임의식, 주인의식, 자율, 성실성, 사명감 등
실행력	신속한 의사결정, 리더십, 추진력, 실천 등

〈출처:대한상공회의소〉

2. 기업보다 원하는 직업이나 직무를 선택하라

"흥미를 느낄 수 있는 일 선택"

평생 직장의 시대는 끝났다. 대신 평생 동안 해야 할 직업이나 직무를 선택해야 한다. 지금은 글로벌 경쟁시대이다. 내가 선택한 기업이 언제 어떻게 될지 모른다. 더 성장할지 아니면 도태할지. 그러나 내가 선택한 직업이나 직무는 지속된다.

산업사회는 끝나고 지식과 정보중심의 시대가 되었다. 산업사회의 특징은 국가, 지역 등 제한된 범위 내에서의 경쟁이었다. 그러나 모든 정보가 인터넷으로 흐르고 모든 소비자가 제품의 가격, 품질 등을 알 수 있는 시대에서는 지식이 경쟁력이다. 국가나 지역에 제한은 없다. 따라서 영원한 기업은 있을 수 없다. 코닥, 소니, 노키아 등도 쇠퇴하고 있다.

물론 "금융기관이나 공기업은 예외일 수 있다."고 말할 것이다. 그러나 1997년 IMF 때 우리나라 은행원의 3분의 1이 해직되었다. 증권회사도 구조조정 중이다. 한 은행의 지점창구도 1년에 몇 개씩 줄어들고 있다. 모든 민원이나 행정업무도 인터넷으로 처리가 가능하다. 금융기관이나 공기업도 예외는 아니다.

나는 인사조직을 전공했다. 회계나 재무업무보다 효과적인 선발 시스템을 설계하고 교육훈련제도를 효율화하는 것이 더 재미있었다. 어떤 곳, 어떤 회사가 중요한 것이 아니라 사람과 관련되고 사람을 변화시킬 수 있는 일이 좋았다. 그래서 일을 하면서도 다른 사람들보다 피로를 적게 느낄 수 있었는지도 모른다. 그렇기에 다른 사람들보다 더 많은 시간을 업무에 투자할 수도 있었다.

'1만 시간의 법칙'이 있다. 말콤 글래드웰의 베스트셀러 아웃라이어에 나오는 얘기다. 하루 3시간, 주 20시간씩 10년, 1만 시간을 투자해야 한 분야에서 성공할 수 있다는 말이다. 딱 1만 시간이 필요한 것은 아니라고 생각하지만 나도 이에 동의한다. 한 직무에서만 약 5~7년을 근무하면 어느 정도 전문성이 생긴다. 물론 10년이면 더 좋을 것이다.

자신이 원하는 직무를 찾고 여기에 시간을 많이 투자하는 것이 성공의 지름길이다. 자신이 원하지 않는 일로 1만 시간을 보내면 전문성은 쌓이지 않고 스트레스만 쌓이게 된다. ISSP(국제사회조사 프로그램) 조사에 따르면 한국 직장인의 스트레스가 OECD국 가운데 1위이다. 일에 대한 만족도 비율은 69%로, OECD의 평균인 81%보다 크게 낮았다. 일할 때 스트레스를 느낀다고 응답한 직장인의 비율은 87%로 우리나라가 1위를 기록했고, 미국이 79%, 일본 72%로 우리보다 훨씬 낮았다.

우리는 하루 24시간을 활용할 수 있다. 그러나 약 7시간은 잠을 자야 한다고 한다. 그러면 우리가 활용할 수 있는 시간은 17시간이다. 그런데 이 활용 가능한 시간의 대부분을 안타깝게도 기업에서 보낸다. OECD 통계에 따르면 한국 근로자들은 하루 평균 10시간 정도를 일한다고 한다. 멕시코 다음으로 긴 시간이다. 우리는 하루 중 활용할 수 있는 시간의 60%를 직장에서 보낸다. 그래서 자기가 하고 싶은, 즐길 수 있는 일을 해야 한다. 직장이 중요한 것이 아니다.

다음은 정주영 회장과 빌 게이츠가 한 말이다. 공통점은 무엇인가?

"나는 날마다 회사를 출근할 때 소풍 가는 기분으로 갑니다. 일하러 가는 것이 아니라 소풍 가는 것처럼 즐거운 마음과 희망을 가지고 오늘 할 일을 그려 봅니다."

– 정주영 회장

"나는 세상에서 가장 신나는 직업을 가지고 있다. 매일 일하러 오는 것이 그렇게 즐거울 수가 없다. 그곳엔 항상 새로운 도전과 기회와 배울 것들이 기다리고 있다."

– 빌 게이츠

바로 '재미', '즐거움'이다. 정주영 회장, 빌 게이츠는 물론 세계적으로 성공한 사람들은 공통적으로 모두 자기가 하는 일에 재미를 가지고 즐긴다. 재미가 있으니 몰입하고 남들보다 더 많은 시간을 투자해도 힘들지 않으니 하루 14~15시간 이상을 투자한다. 주말에도 쉬지 않는다. 몰입하니 남들보다 좋은 성과가 난다.

혹 자신의 장점이나 특성을 잘 알지 못하는 사람이 있을 것이다. 또는 자신은 무엇이든 다 잘할 수 있다고 주장하는 사람도 있다. 모든 사람에게는 장점이 있고 강점이 있다. 또 여러 가지 장점 가운데 더 훌륭한 장점이 있다. 이를 확실히 알기 위해서는 성격검사, 적성검사, 흥미도검사를 하는 것이 중요하고 또 선배를 만나 얘기하는 것도 도움이 된다.

3. 직무수행능력을 위한 스토리 쌓기

"경험을 스토리로"

가. 현장경험을 해야

NCS에서 말하는 직무수행능력을 쌓기 위해서는 도서관이 아니라 현장으로 가야 한다. 인턴도 좋고 아르바이트도 좋다. 만약 그런 경력이 없다면 지금까지 참여했던 각종 동아리 활동에서 맡았던 역할이나 경험을 활용해야 한다. 교회를 다니는 학생은 교회에서 담당했던 역할을 참고로 해야 한다.

조직이나 인간관계에서 경험했던 것, 대인관계 때문에 힘들었던 것, 진로 방향을 못 잡아 고민했던 것이 다 관련이 있다.

홈플러스에 지원했다가 합격한 학생이 있다. 그가 말하길, 자신은 객관적으로 스펙이 높은 편이 아니라고 했다. K대 지방캠퍼스, 토익 815점, 토익 스피킹 레벨 5, 학점 3.8, 봉사·인턴·해외연수 경험은 없었다. 자격증이라고는 사회조사분석사 2급, 컴퓨터활용능력 1급, 한자 2급이 전부라고 했다. 자기소개서를 작성할 때 영어나 다른 분야는 모르겠지만 전공 분야에서는 내가 최고라는 자신감을 가지고 썼고, 은연중에 그것이 잘 드러난 것 같다고 했다. 사회경험을 작성하는 란에는 리서치 아르바이트 경험과 군대경험을 썼다고 했다. 군대경험은 너무 진부하다 할 수도 있지만, 기업이 원하는 경험을 군대에서 했다면 그대로 쓰는 것이 좋겠다고 생각했다고 한다. "나의 경우는 병기데이터를 관리하는 시스템을 사용했던 경험을 썼었다."고 했다.

경기 소재 H 대학 국문학과에 입학한 한 여학생은 취업을 위하여 경영학을 복수전공하였다. 이 학생은 여러 번 면접을 보았으나 실패를 했다. 그래서 학교나 전공보다 현장경험을 중시하는 G 리테일을 지원하기로 목표를 정하였다. 그리고 G 리테일 편의점에서 아르바이트도 했다. 이러한 경험으로 G 리테일에 입사하게 되었다. G 리테일의 경우 신입사원은 현장근무를 원칙으로 한다. 그래서 이 여학생은 입사 후 신입사원 교육을 받고 편의점을 관리하는 지점장이 되었다.

사실 유통업계는 학교나 학점보다는 현장에 잘 적응할 수 있는 경험을 중심으로 선발한다.

많은 유통업계가 신입사원 채용에 '현장'을 강조하고 있다. 짧게는 일주일간의 현장평가부터 길게는 6개월~1년 가까이 매장 근무를 경험해야만 정직원 채용기회를 얻거나 본사에서 근무할 수 있다.

SPC, 카페베네 등 프랜차이즈 브랜드를 운영하는 기업에 입사하려면 아르바이트 근무경력이 있는 편이 유리하다.

카페베네는 6개월 이상의 가맹점 근무경력이 있고 카페베네 청년봉사단 경력이 있으면 서류전형을 면제해 준다. 카페베네가 모집하는 해외사업, 설계ㆍ감리, 매장운영, 커피사업, 메뉴기획 및 개발, 마케팅 등 모든 업무가 전반적인 매장 상황을 파악하고 있어야 가능하다는 이유에서다.

스웨덴 의류브랜드인 H&M 코리아는 아예 신입사원을 '세일즈 어드바이저(sales advisor)'라는 매장관리 직무에 한해서만 채용한다. 만약 H&M의 다른 직무에서 일하고 싶다면 일정기간 매장관리직에서 근무한 뒤 내부채용을 거쳐야 한다. 서비스 오피스(본사) 모집정원의 90%가 내부채용으로 채워진다.

코스트코 코리아 역시 본사 근무를 원하는 구직자에게 최소 1년 이상의 사업장 근무경험을 권장하고 있다. 신입사원은 주 40시간 미만으로 근무하는 PT사원(정규직)으로 근무를 시작하게 되며, 일정기간이 지난 후 주 40시간이 보장되는 FT사원으로 전환된다. 이후 사내 내부승진제도에 의해 관리직(연봉제)으로 승진한다.

이처럼 기업에서 현장을 강조하는 이유는 현장과의 소통능력을 키우고 빠르게 변화하는 유통업계에 신입사원을 적응시키려는 의도가 숨어 있다.

이랜드 그룹은 이번 상반기 공채에서 아예 현장평가를 도입하기도 했다. 입사 전 지원자에게 가급적 직무나 현장에 대해 파악할 수 있는 기회를 준다는 취지다.

나. 생활습관 버리기

"습관을 바꾸어 취업에 성공"

매일 늦잠을 자고 불규칙인 생활을 하는 이 군은 규칙적인 생활을 하고자 결심을 하고 제과점 아르바이트를 시작했다. 그는 이것이 계기가 되어 취업에 성공할 수 있었다.

아르바이트 전에는 항상 아침 늦게 일어났다. 일어날 때마다 기분이 맑지 않았다. 아르바이트를 시작하고 어쩔수 없이 일찍 일어나지만 뿌듯함이 느껴진다. 어디서 오는 뿌듯함인가? 남들이 잠들어 있는 세상, 나 혼자 일어났다는 자긍심인지 아니면 '어차피 일찍 일어나기로 했는데 피곤하다고 하면 하루가 힘드니 아예 피곤한 생각을 하지 말자'는 체념에서 오는 느낌인지 모르겠다. 여하튼 과거에는 느끼지 못했던 뿌듯함이 있다. 그리 싫지 않은 느낌이 있었다. 이런 작은 변화가 삶에 활기를 주었다.

책 누가 내 치즈를 옮겼을까에서 읽었던 치즈가 없어진 상황에서 다시 치즈를 찾아 움직였던 허의 이야기가 생각난다. 그동안 왜 꼬마인간 햄처럼 현재를 벗어나지 못하고 불만만 많았는지 모르겠다.

그렇다. 나는 과거에 '나는 안 된다', '뭐든 잘 안 풀린다'라며 나 스스로를 속박하고 구박했었다.

그러나 아르바이트를 시작하고 나니 많은 것이 바뀌었다. 몸은 좀 피곤하지만 마음이 정말 편하고 이젠 어제보다 내일의 일이 걱정된다.

규칙적인 아르바이트 생활을 6개월 동안 계속하였다. 이로 인해 과거 불규칙했던 생활이 규칙적으로 바뀌었고 일찍 일어나는 것이 습관이 되었다. 결국 이러한 경험이 매사에 자신감을 가지게 했다. 모든 것을 긍정적으로 바라보게 되었다. 이런 태도와 생각이 나를 취업에 성공하게 했다.

아들러 심리학에서 읽은 "트라우마는 존재하지 않는다."는 말이 기억난다. 인간은 스스로 과거에 얽매이려 하고 벗어나지 않으려 한다. 이러한 생활습관이나 사고방식은 버려야 한다. 누구나 바뀔 수 있다. 그냥 조그마한, 작은 시작을 해라. 그러면 긍정의 마인드가 생긴다.

우리를 괴롭히는 것은 객관적인 사실이 아니라 주관적 해석이다. 생각을 바꾸면 세상이 바뀐다.

사계절 내내 18도를 유지하는 우물이 있다. 여기서 객관적인 것은 18도라는 것이다. 그런데 그것을 차갑게 느끼느냐 뜨겁게 느끼느냐는 '지금'의, 그리고 '주관적'인 해석이라는 것이다.

다. 뚜렷한 의지

"뚜렷한 의지와 노력이 몇 년 후의 삶을 바꾼다"

나는 유능한 컨설턴트가 되는 것이 꿈이었다. 컨설턴트가 되기 위해서는 이론적 지식도 필요하지만 기업에 대한 이해도 필요하다고 생각했다. 그래서 대학원에도 진학했고, 국민은행, 신한증권(현, 신한투자금융), 그리고 동부그룹에서 누구보다 열심히 일했다. 지금은 인사실무와 이론적 지식을 겸비하였다고 생각한다.

얼마 전 한 경제신문에서 재미있는 기사를 보았다. 한국외대 체코학과를 졸업한 최지혜 씨(28)는 "외교부 인턴생활을 하면서 해외 최고급 호텔 지배인이 되려는 꿈을 키웠다. 대학원에 진학해 호텔 관련 공부를 더 할지, 바로 호텔에 들어가 경력을 쌓을지 고민하다가 외국으로 눈을 돌렸다. 베트남에서 GYBM 교육과정을 마치고 호찌민 인터컨티넨탈 호텔에서 3개월간 일한 것이 시작이었다."고 했다. 돈을 받지 않아도 좋으니 경험을 쌓고 싶었다는 그녀는 의지대로 무급봉사를 한 것이다. 그녀는 특유의 성실함과 똑 부러지는 일처리를 인정받아 하노이 대우 호텔로 이직했고, 야간대학에서 회계학 수업을 들으며 실력을 쌓았다.

결국 하노이 쉐라톤 호텔 인사담당자는 최지혜 씨를 한국인 지점장으로 스카우트했다. 동년배들이 호텔관광학과 석사를 마치고 한국에서 페이퍼워크를 하고 있는 동안, 그녀는 해외 세 곳의 호텔을 돌며 다양한 경험을 하고 이를 인정받아 지배인으로 승진한 것이다.

우리는 주변에서 최지혜 씨와 같은 사람을 어렵지 않게 볼 수 있다. 젊지만 자신의 의지나 삶의 방향이 뚜렷한 사람들이 있다. 이들은 단순히 편안함을 추구하지 않는다. 힘들지만 자신의 길을 가고자 한다. 결국 10년, 20년이 지나면 다른 사람들과는 다른 위치에 올라 있다.

나의 친한 친구들 가운데 학교 때 뚜렷한 직업목표를 가졌던 친구들은 지금 사회 각 분야에서 자신의 역할을 다하고 있다. 반면 뚜렷한 직업목표 없이 학창생활을 했던 친구들은 지금 퇴직을 하였거나 퇴직을 눈앞에 두고 있다.

한 친구는 기자가 되겠다는 목표로 경영학과를 졸업하고 다시 언론학을 전공했다. 지금은 언론기관의 간부로 근무하고 있다. 몇몇 친구들은 회계사 시험을 합격하고 회계법인 대표로, 외국회사 재무담당 임원 등으로 근무하고 있다.

"저는 신입사원부터 지금까지 늘 새벽 6시에 출근하였습니다. 그리고 저는 한 번도 출근하기 싫다고 생각한 적이 없습니다." 현대자동차의 임원으로 재직 중인 나의 친구가 어느 강연장에서 했던 말이다.

세계적인 발레리나 강수진은 하루 18시간 연습을 했다. 힘들고 아파 울기도 했지만 그녀는 연습에 매진했다. 발레밖에 아무것도 생각하지 않았다. 이러한 의지와 노력이 그녀를 20대 여성이 가장 존경하는 인물 1위에 오르게 했다.

우리가 잘 아는 피겨 스케이트 선수 김연아 역시 연습벌레로 유명하다. 아무리 어려운 안무여도 바꾸거나 포기하지 않았다. 능숙하게 연기할 수 있을 때까지 기꺼이 연습하고 또 연습했다. 이러한 뚜렷한 의지와 노력이 그녀를 전 세계가 극찬하는 피겨 여왕의 자리에 오르게 했다.

4. 면접 상황에 익숙해져야 한다

"면접 상황에 익숙해져야 당황하지 않는다"

수년 전 결혼기념일에 명동 L호텔 프랑스 레스트랑에서 식사를 했다. 사실 프랑스 레스트랑은 처음이었다. 우려했던 대로 역시나 완전 촌놈이었다. 가만히 않아 웨이터가 시키는 대로 했다. 그런데 얼마 후 다시 갈 기회가 생겼다. 그때는 프랑스 요리를 엄청 많이 먹어 본 것처럼 주문도 하고 평가할 수 있었다. 이를 경험학습이라 한다.

외국에 처음 갈 때는 출입국 수속이 낯설다. 그러나 두세 번만 가도 곧 익숙해진다. 어떤 회사의 사장은 직원들 앞에서 훈시를 잘한다. 그래서 강의를 부탁했는데 너무 힘들어했다. 반대로 강의를 정말 잘하는 강사에게 회의 시 한마디 좋은 말을 부탁했는데 그렇게 당황하는 모습은 처음 보았다.

경험학습에 대한 관심은 19세기 중엽 미국의 '경험학습운동'에서 처음으로 표면화되었다. 경험학습운동은 대학교에 실험과학, 응용연구, 임상경험 등을 도입하여 지식전달중심의 형식적이고 추상적인 교육으로부터 학생들의 경험에 기초한 교육으로 전환하려는 시도였다. 이후 경험학습은 교육연구나 실천 분야에서 주변적인 위치에 머물다가 최근 평생학습사회와 지식 기반 사회의 등장에 따라 크게 주목받게 되었다.

지식 기반 사회의 도래와 함께 추상적이고 이론적인 지식만을 가치 있는 지식으로 보던 관점으로부터 벗어나 현장 지식이나 암묵적 지식의 중요성을 강조하는 경향이 나타났다. 그에 따라 경험과 행위를 통한 학습을 중시하게 되었다. 경험학습은 지식획득의 타당한 형태로서 인정받게 되었으며, 경제와 경영, 직업세계, 교육개혁 전반에 걸친 광범위한 담론에서 형식적 교육의 독점적 위력을 깰 수 있는 잠재력을 지닌 기제로 관심을 받게 되었다.

따라서 면접을 준비하는 학생들도 우선 면접 상황에 대한 구조의 이해가 필요하다. 집단토의인지 패널 면접인지 등 면접형태에 대한 이해가 필요하며 면접장소나 구조에 대한 이해도 필요하다. 그리고 가능하면 유사한 면접 시뮬레이션 과정에 참여하여 실제 면접을 사전에 경험하는 것이 효과적이다.

이하에서 다양한 면접 및 선발방법에 대하여 소개하고자 한다.

가. 그룹토의

그룹토의는 대부분의 신입사원 채용과정에서 채택된다. 삼성, SK, LG 등의 기업에서 활용되고 있다.

그룹토의는 개별면접에서 평가하기 어려운 타인이해 및 존중, 설득력, 자기통제 등을 평가할 수 있다는 특성이 있다. 이는 여러 사람으로 구성된 조직생활에서 필요한 능력들이다.

물론 그룹토의가 이러한 본질적 기능보다 일종의 스크린 과정으로 채택되는 경우도 많다. 서류전형 이후 바로 개별 면접에 들어갈 경우 상당한 시간과 비용이 소요된다. 따라서 채용과정의 효율성 측면에서 서류전형 후 개별 면접자를 선정하기 위한 수단으로 그룹토의가 이용되기도 한다.

그룹토의는 두 가지 형태로 진행된다. 하나는 참가자에게 역할을 부여하는 '역할토의'이고 다른 하나는 역할이 없는 '자유토의'이다.

:: 표 6.2 그룹토의 종류

그룹토의 형태	역할	사회자/진행자
역할토의	– 토의 참가 전원에게 역할 부여	– 진행자/사회자 필요 – 평가자 별도
자유토의	– 개개인의 역할 구분 없이 토의 결론은 일정한 시간까지 내리게 함 – 역할 구분은 스스로 함	– 가능하면 진행자 개입 없음 – 주제와 시간만 알려 줌

■ 역할토의

토의 참가자 전원에게 각기 다른 역할이 주어진 경우로, 역할은 토의 과제 구성에 따라 다양하다. 각자 다른 임무를 띤 위원회의 위원이나 각자 다른 역할을 맡은 태스크포스(task force) 팀 구성원 등이 되기도 한다. 따

:: 표 6.3 역할토의 형태(사례)

역할토의		
총 소요시간	90분 (준비시간 : 40분, 토론 : 50분)	
상황	후보자들이 해결해야 할 문제가 제시된다. 문제는 새로운 포지션에서 자주 발생되는 문제이다. 주로 리더십, 커뮤니케이션 스킬 등이 평가된다.	*1팀장 (역할부여) 피평가자 A 평가자　　평가자 회의 진행자 (사회자, 평가하지 않음)
피평가자 역할	각자에게 부여된 역할을 수행하여야 하며 그 목적을 달성하도록 원인분석과 설득을 하고 문제를 해결해야 한다.	피평가자 B *2팀장 (역할부여)　　피평가자 C *3팀장 (역할부여) 평가자

라서 참가자들은 주어진 역할에 충실하려 하기 때문에 토의장이 마치 역할 연기장 같은 분위기가 되는 것이 당연하다. 이런 토의에서는 한 사람 본연의 모습보다는 연출된 모습이 보이게 된다. 역할토의는 임원승진자 결정 등에 주로 활용된다.

■ 자유토의

자유토의의 경우에는 역할 구분은 없으나 임무가 부여된다. 즉 일정한 시간까지 결론을 내리라는 임무가 각 토의그룹에 제공된다. 그러나 토의 참가자 개인에게 별도의 역할이 주어지지 않는 것이 특징이다. 역할이 없는 그룹토의는 주로 신입사원을 선발할 때 사용된다. 그 이유는 한 사람의 원래 모습을 볼 수 있는 동시에 리더십의 차이도 잘 살펴볼 수 있기 때문이다.

역할을 구분하지 않고 결론을 도출하라고 하면 자체적으로 리더가 나오게 된다. 토의자들은 자신도 모르게 필요할 경우 역할을 수행한다. 자신에게 가장 적합한 역할을 찾아서 수행한다.

:: 표 6.4 자유토의 형태(사례)

자유토의	
사회자의 개입 없이 '토론 주제'와 '시간'을 알려 주고 결론을 내리고 제시함	
역할을 자체적으로 수행함	

■ **그룹토의 평가**

그룹토의의 경우 다음과 같은 가점(+)요인과 감점(−)요인이 있다.

:: **표 6.5** 그룹토의 평가 시 가점 및 감점요인

가점요인	감점요인
− 적극적 발언 − 논리, 표현력 − 타인배려 − 갈등 조정 − 대안 제시	− 긴 발언 − 중언부언 − 발언 가로채기 − 공감 얻지 못함 − 타인 공격 − 방어적 발언 − 소극적 행동

나. 프레젠테이션 면접

프레젠테이션 면접은 신입사원 선발보다 경력사원 선발에 활용되는 경우가 많다. K 그룹은 경력사원을 채용할 때 해당 직무와 관련하여 어려운

:: **그림 6.2** 프리젠테이션 면접 예시

```
┌──────┐   ┌──────┐   ┌──────┐   ┌──────┐
│ 1차   │ ➡ │ 2차   │ ➡ │ 3차   │ ➡ │ 4차   │
│서류전형│   │인적성검사│   │PT 면접 │   │인성 면접│
└──────┘   └──────┘   └──────┘   └──────┘
```

[**패널 면접 & 구조화 면접**]

− 면접관 : 팀장급 실무인력(4명)
− 면접절차
  • 피면접자 PT 준비(30분) : 회사의 문제해결 과제를 제시
    (A4, 화이트 보드 이용)
  • 면접관 앞에서 10분간 PT
  • 면접관의 준비된 질문(사전에 면접관 간 역할분담을 하여 질문)
    * 응답 내용을 보고 역량보유 여부를 평가함
  • 응답 내용에 점검하고자 하는 내용이 포함되지 않은 경우 추가질문

점이나 의사결정 상황을 제공하고 해결방안을 설명하게 한다.

프레젠테이션 면접에서는 지원자에게 해결해야 할 과제와 각종 관련 정보를 제공하고 약 30여 분의 준비시간을 제공한다. 그리고 준비된 내용을 약 10분 이내에 3~4명의 면접관 앞에서 발표하게 한다. 이때 화이트보드를 이용할 수 있다. 물론 준비할 때 메모지나 필기구 등도 제공한다.

프레젠테이션 면접의 평가 시 가점요인과 감점요인은 다음과 같다.

:: 표 6.6 프레젠테이션 면접 평가 시 가점 및 감점요인

가점요인	감점요인
– 원고를 읽지 않음	– 원고를 읽음
– 눈을 맞추며 말함	– 눈을 맞추지 못함
– 논리구조 명확	– 논리성 미약
– 적절한 제스처 활용	– 독특한 말버릇(예 : '에~' 등)
– 표현을 극대화	– 경직된 태도
– 유연함	– 설득력 없음
– 설득력 있음	– 횡설수설

다. 패널 면접

패널 면접은 피면접자 1명에 면접관은 3~4명으로 진행된다. 보통 대기업의 실무팀장 면접이 패널 면접으로 진행된다. S 그룹의 경우 서류전형, 인적성검사 후 1차 실무면접이 패널 면접이다. 이 면접에서 패기, 의사소통,

:: 그림 6.3 패널 면접

혁신 아이디어를 평가한다. 패널 면접은 면접관이 여러 명이기 때문에 광범위한 조사가 가능하다. 그러나 비용이 많이 소요되며 피면접자와 친밀한 관계를 유지하기 어렵고 피면접자가 긴장을 느끼게 되어 자연스러운 반응을 하기 어려울 수 있다.

라. 롤 플레이 면접

롤 플레이 면접은 평가자인 면접관과 피평가자인 지원자가 역할을 구분하여 의견을 주고받는 면접이다. 다소 갈등적인 상황을 부여하여 융합이나 갈등해결능력을 평가하는 데 효과적인 기법이다. 또 설득력이나 협상력을 평가하는 데 좋은 기법이다.

:: 표 6.7 롤플레이 면접 형태(사례)

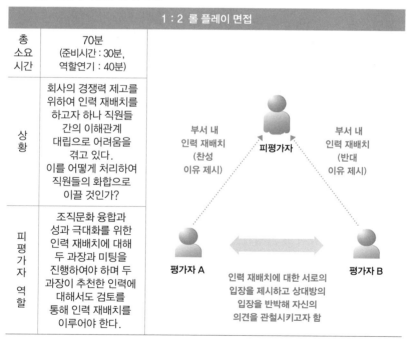

1 : 2 롤 플레이 면접	
총 소요 시간	70분 (준비시간 : 30분, 역할연기 : 40분)
상황	회사의 경쟁력 제고를 위하여 인력 재배치를 하고자 하나 직원들 간의 이해관계 대립으로 어려움을 겪고 있다. 이를 어떻게 처리하여 직원들의 화합으로 이끌 것인가?
피평가자 역할	조직문화 융합과 성과 극대화를 위한 인력 재배치에 대해 두 과장과 미팅을 진행하여야 하며 두 과장이 추천한 인력에 대해서도 검토를 통해 인력 재배치를 이루어야 한다.

부서 내 인력 재배치 (찬성 이유 제시)

피평가자

부서 내 인력 재배치 (반대 이유 제시)

평가자 A

평가자 B

인력 재배치에 대한 서로의 입장을 제시하고 상대방의 입장을 반박해 자신의 의견을 관철시키고자 함

마. 평가센터

최근 객관적인 평가 도구 중 하나로 평가센터(Assessment Center, AC)가 빠른 속도로 도입되고 있다. 평가센터는 주로 경영자나 중간 관리자 이상의 재능을 확인하고 개발하는 수단으로 활용되고 있다. 경영자나 중간 관리자 이상의 선발 및 승진뿐만 아니라 잠재적인 후보자 확인, 개발 니즈의 확인 등 다양한 용도로 사용이 가능하기 때문이다. 전형적인 평가센터는 조직의 특정한 필요에 따라 개발된 적성검사, 개인 또는 그룹 시뮬레이션, 구조화된 인터뷰 등 다른 부가적인 기법과 결합되어 설계된다.

헤이건 교수는 많은 기업이 평가센터를 사용하고 있다고 했다. 특히 경영역량과 관리역량을 조기에 확인하기 위하여 활용되고 있다. 평가센터는 조직의 효과성과 관련된 태도·능력의 관점에서 사람을 평가하는 절차이다. 평가센터는 전통적으로 다음과 같은 특징을 가진다.

> (1) 여러 가지 상황이나 워크 샘플을 활용한다.
>
> (2) 구체적인 행동을 명확하게 한다.
>
> (3) 훈련된 복수의 평가자가 있어야 한다.
>
> (4) 각 평가자는 다양한 역량을 독립적으로 평가한다.
>
> (5) 여러 관찰자로부터 관찰 결과를 공유하고 전반적인 평가를 이끌어 낸다.

이러한 평가센터는 장소적 개념이 아니며 모의직무 상황을 가정한 다양한 기법을 사용하여 피평가자의 특성을 중복 관찰하는 평가 시스템을 지칭하며 다른 역량평가 방법보다 타당도와 신뢰도가 높다. 즉 평가센터는 복수의 평가기법을 사용함으로써 신뢰도가 높으며, 훈련된 다수의 평가자가 평가함으로써 객관성이 높고, 실제 모의직무 상황을 가정함으로

써 직무관련성이 높은 것이 특징이다.

평가센터(AC)에서 사용되는 평가기법에는 다음과 같은 기법이 있다.

첫째, 구조화된 인터뷰 기법(structured interview)이 있다. 구조화된 인터뷰에는 지원자의 과거 행동 및 사건을 중심으로, 자세하게 행동의 패턴을 확인하고 필요한 역량과의 연관성을 분석하는 행동사건 면접(behavioral event interview)과 과거의 예를 묻는 대신, "미래에 ~한 상황에서 어떻게 행동하시겠습니까?" 등으로 질문하는 미래행동 면접(forward looking interview)이 있다. 전자는 과거에 경험하지 못한 업무의 수행도를 예측하기에 어려움이 있으며 후자는 임기응변식의 답변이 후하게 평가하게 될 가능성이 있다.

둘째, 롤플레이 기법(role play)이 있다. 롤플레이는 특정 역할에 적합한 피평가자의 의사결정과 문제해결역량을 평가하기 위하여 활용된다. 피평가자는 롤플레이 대상자의 정보를 살펴보고 롤플레이에 임하며, 평가자는 피평가자의 행동을 관찰하여 기록하고 평가한다.

셋째, 서류함 기법(in-basket)이 있다. 서류함 기법이란 보고서, 메일, 메모, 전화연락, 전문, 공문, 보도자료, 언론보도 등을 보고 문제를 해결하는 역량평가 방법이다. 이는 아주 긴급한 상황에서 다양한 문제를 어떻게 해결하고 복합적인 상황에서의 대응자세를 평가하는 방법으로 적합하다.

넷째, 프레젠테이션 기법(presentation)이다. 이는 상황별 과제를 보고 과제를 해결하고 발표한 후, 추가 인터뷰를 실시하는 기법이다.

다섯째, 집단토론 기법(group discussion)이다. 이는 주어진 그룹 공통과제에 대해 정해진 시간 내에 집단으로 토론한다.

평가센터는 기업뿐 아니라 공공부분에서도 가장 널리 활용되고 있는 프로그램이다. 특히 관리자나 관리역량에 대한 평가방법으로 활용되고 있다. 피들러 교수(2001)는 미국의 중요한 기업의 약 50%가 어떤 형태이든 평가센터를 활용하고 있으며 인사담당 임원들은 평가센터가 선발과 승진에 매우 효과적인 방법으로 여긴다고 말한다.

국내 K 통신회사는 부장급을 대상으로 하여 평가센터를 도입하고 있다. K 사는 아래 〈표 6.8〉과 같이 9개 역량을 평가하기 위하여 평가센터를 집단토론, 발표, 서류함 기법, 1:2 롤플레이 면접, 인터뷰 등 5개의 시뮬레이션으로 구성하였다. 각 시뮬레이션은 70~90분이 소요되며, 각 시뮬레이션에서 역할 및 평가를 위하여 피평가자와 평가자는 짧은 시간에 상황에 대한 이해를 하여야 하는 부담을 가진다.

:: 표 6.8 K 통신회사의 평가센터(역량 및 평가방법)

역량 ＼ 평가방법	G/D	Presentation	In-Basket	R/P	Interview
의사소통	●	●			
고객지향	●		●		●
비전제시			●	●	●
조정 및 통합	●			●	
결과지향		●			●
전문가의식	●				●
혁신주도		●	●	●	
문제인식 및 이해				●	
전략적사고	●	●			●

바. A 은행 면접 사례

A 은행은 서류합격자를 소집한 후 안성에 있는 연수원으로 이동하여 1박 2일간 면접을 진행한다.

■ **13:00~16:00** 인성 면접

인성 면접은 블라인드 면접으로 자기소개서 및 기본 인적 기록 없이 대화 방식으로만 진행된다.

"전공과 관련된 최근 이슈에는 무엇이 있습니까?", "고객감동을 위해 노력했던 경험을 말해 보고 입행 후 어떤 방식으로 고객감동을 실천할 것입니까?", "가장 큰 성취를 이뤘던 경험은?", "취미가 무엇입니까?", "영어로 자기소개를 해보세요", "A 은행에 지원한 동기는 무엇입니까?", "PB란 무엇입니까?" 등의 질문과 시사상식 질문(예 : 하우스푸어, 블랙컨슈머, 예금자보호 제도, 저축은행 사태, 선물거래 등)에 대한 답을 한다.

■ **16:00~18:00** 세일즈 프레젠테이션 면접

세일즈 PT는 면접자가 단체로 들어가 면접관에게 인사하고 각자 주제를 뽑아서 온 후, 대기실에 10분간 응대예절과 상품안내를 읽으며 세일즈 전략을 세우고 직접 세일즈를 하는 면접이다. 10분 후 제공된 자료를 모두 회수한 후, 한 사람씩 면접관들 앞에서 PT를 한다.

예를 들어, 주거래 기업의 신입직원인 홍길동 씨가 신용카드를 발급하기 위하여 은행에 찾아왔다. 홍길동 씨는 3년 후 결혼자금으로 목돈을 마련하기 위해 적금을 가입하고 싶지만, 저축은행은 부실하고 시중은행은 금리가 너무 낮아 적당한 곳을 찾지 못하고 있는 상황이다. 이러한 홍길동 씨에게 A 은행의 적금을 세일즈하는 면접이다.

PT 중에 면접관이 "이거 중간에 불입하지 못하면 이자나 혜택에서 불이익 없을까요?"와 같은 질문을 건넨다.

- **18:00~19:00** 저녁식사

- **19:30~22:00** 단체 및 개인 PT 작성, 퍼즐 맞추기

이 활동은 2시간 30분 동안 진행된다. 조를 2개로 나누고 각각 문제지를 받는데 각각 A 지점, B 지점의 상황이 나온다. A 지점은 로열층을 대상으로 하며, B 지점은 고연령 및 주부가 주 고객층이다. 두 지점에 대한 영업 상황이 제공되는데, 예를 들어 B 지점 상황은 다음과 같다. 주 고객층(고연령, 주부), 세대구성(연립주택, 다세대주택), 총 수신 영업순위(18위/20개), 총 여신 영업순위(19위/20개), CS평가(19위/20개), 지역 내 주요 메이저 은행 중 실적 최하위, 카드 영업실적(4위/20개)이다.

지원자에게는 2개 지점 중 하나를 선택하여 영업활성화 대책을 수립하는 과제가 주어진다. 제시된 시간 내에 개인 PT 계획수립, 조별 PT 계획수립, 퍼즐 맞추기를 모두 성공하여야 하는 것이다.

- **다음날 08:00~10:00** 전날 준비한 PT 발표 및 질의응답

조별로 발표자가 나가서 준비한 PT를 발표하고 상대편이 질문을 한다. 적극적으로 질문을 하는 사람에게 가점이 부여된다. 이 과정 후 상호평가도 진행된다.

- **10:00~11:30** 집단토론

조를 다시 2개로 나누어 조장을 뽑으면 문제가 주어진다. 예를 들면, 하나는 이동통신 요금인하 정책이고, 다른 하나는 SSM 규제에 대한 문제이다. 30분간 조별로 토론전략을 수립한다. 각자 대응할 분야를 정하고 합의할 사항들을 미리 생각해야 한다. 다른 조와는 논의를 할 수 없다.

5. 실패는 곧 도전의 기회다

"긍정적인 면을 생각하면 부정적인 생각이 사라진다"

:: 그림 6.4 착시그림

이 그림은 마귀 할머니로 보였다가 어느 순간 예쁜 아가씨로 보인다. 또 반대로 보이기도 한다. 할머니와 아가씨가 동시에 보이지 않는다는 것이다. 이것은 우리가 사물을 어떤 관점을 가지고 보느냐에 따라 다른 생각이 들지 않는다는 것이다. 그래서 모든 것은 생각하기 나름이라는 결론이 나온다. 자꾸 부정적인 생각을 하면 모든 것이 부정적으로 보인다. 반대로 긍정적으로 생각하면 긍정적인 측면이 보인다.

"나는 안 돼. 되는 게 없어."라고 생각하면 정말 되는 것이 없다. 입사 시험에 떨어지고 "또 실패다. 난 구제불능이야."라고 생각하면 한 순간 세상이 무너지는 듯한 느낌이 들 것이다.

실패는 더 배우라는 신의 계시이다. 모든 실패에는 어김없이 교훈이 있다. 교훈을 잘 배우고 성찰하면 실패는 반복되지 않는다.

대만의 갑부 왕융칭 회장도 젊은 시절에 취업도 못하고 가진 것도 없었다. 어쩔 수 없어 동네 변두리에 쌀가게를 했다. 그러나 거리가 먼 탓에 쌀을 사러오는 사람이 없었다. 당연한 이치이다. 그래서 생각을 했다. "동네 중심가의 쌀가게에서 제공하지 않는 것을 판매한다면 고객이 찾을 것이다."와 같은 긍정적 생각을 말이다. 그래서 놀고 있는 동생을 불러 쌀에 있는 작은 돌과 같은 불순물을 찾고(그 당시에는 벼를 말릴 곳이 없어 길거리 등 밖에서 말렸다.), 직접 배달을 했다. 동네 변두리 작은 쌀가게에 찾아오는 손님은 늘었고 가게는 번창했다.

'147/805 법칙'이 있다. 우리가 너무 잘 아는 에디슨도 백열전등을 발명하기 위하여 147번이나 실패했다. 또 최초의 동력 비행기를 만든 나이트 형제는 805번이나 하늘을 날다 떨어지기를 반복했다고 한다. 실패를 두려워하지 말아야 한다. 실패 없는 성공은 없다.

미국의 한 심리학자의 조사에 따르면 "제 인생은 너무나 불행해요."라고 생각하는 학생들은 원하는 대학에 못 들어가고 한 등급 낮은 대학에 들어갔을 때, "난 역시 좋은 대학에 갈 수준은 안 돼."라고 부정적으로 생각했다고 한다.

반면 "제 인생은 너무나 행복해요."라고 생각했던 학생들은 "난 원하는 대학에는 못 갔지만 집 근처에 있는 대학은 갔다. 오히려 가깝고 잘 됐어."라고 생각했다고 한다. 이처럼 이미 일어난 일에 대한 사람들의 반응은 두 가지이다. 하나는 후회와 자책이고 다른 하나는 인정하고 다시 시작하는 것이다.

위인으로 추앙받는 사람들은 알고 보면 밝은 면에만 초점을 맞추었던 사람들이다. 이런 점에서 보통 사람과 차이가 있었다. 크게 성공한 사람들은 하나같이 어둠 속에 숨겨진 밝은 면에 초점을 맞추고 몰입했다. 그러다 보면 밝은 면이 점점 커져서 어두운 면을 완전히 덮어 버리게 된다.

우리 인간은 다 함께 원래의 강건한 모습으로 되돌아갈 수 있다. 세계적인 사이클 선수로 암을 이겨낸 랜스 암스트롱, 폴 햄 같은 운동선수들을 떠올려 보라. 뿐만 아니라 자동차 사고로 쇄골, 골반뼈, 발목뼈, 갈비뼈가 부러져 골퍼로서의 생명이 끝났다고 했던 벤 호건은 사고를 당하고 1년 뒤 US 오픈에서 우승을 차지했다.

영화 어벤저스에서 '헐크'로 나온 마크 러팔로는 신인 때 오디션에서 800번이나 고전을 했고 결국 단역 배역을 따냈다. 그러나 갑작스레 찾아온 뇌종양으로 '안면마비' 증상을 얻게 되었다. 그러나 그는 좌절하지 않았다. 끝없는 노력 끝에 '안면마비' 증상을 극복했고 각종 영화에 출연하여 연기파 배우로서 입지를 다졌다. 이후 어벤저스에 헐크로 합류하며 성공한 배우 반열에 올랐다.

우리가 잘 아는 알리바바 그룹 회장 마윈도 일류 대학을 나오지 못했다. 그는 중학교 시험에 세 번, 대학에 세 번 낙방했다. 대학 입학시험 준비를 하는 도중에 취업에도 도전했는데 30번 넘게 떨어졌다. 미국을 배우고 싶어 하버드대에 10번 원서를 보냈으나 역시 모두 거절당했다.

하지만 그는 항상 노력하였고 끝내 성공하여 세계가 주목하는 인물이 되었다.

영화관
기법

"면접에 실패했다고 좌절하지 말고
실패의 고통을 날려 버려야 한다"

1. 현재 공포를 느끼고 있는 것은 무엇이며, 그 일이 언제부터였는지 언제 일
   어났는지 기억해 보고 떠올려 보라. (예 : 면접에 몇 번 실패했다, 두렵다)

2. 눈을 감고 그 상황을 영화로 만들어 영화 화면으로 구성해 보라.
   (예 : 면접에서 떨어져 좌절하는 장면)

3. 당신의 자아가 그 영화를 보고 있다. 화면을 아주 작게 하여 영화 화면에
   있는 슬퍼하는 당신을 아주 작게, 작은 점처럼 보이게 한다.
   * 눈을 감고 쉼 호흡을 4~5번 하고 마음을 차분히 하면 더 효과적이다.

4. 머릿속에서 영화 화면을 크게 했다가 작게 했다가를 몇 번 반복하고, 마지
   막에는 화면을 아주 작게 하여 거의 보이지 않게 한다.
   * 눈을 감고 영화 화면을 크게 했다 작게 했다 4~5번 반복한다. 그리고 하
     나, 둘, 셋을 마음속으로 세면서 화면을 아예 사라지게 한다.

5. 2~4번까지를 4~5회 반복한다.

6. 목표와 확신

"목표를 명확히 하고 공개해야 실현된다"

한 젊은 여성이 TV에 나왔다. 세상을 바꾸 시간, 15분의 강연자로서 출연하였다. 보통 키에 수수한 얼굴, 조금은 떨리는 목소리였다. 파마 스타일의 긴 머리를 하였다. 평범한 여성으로 결혼도 했다고 했다. 그녀의 이야기는 일상의 지루함을 박차고 나와 그림을 그리고 이를 책으로 발간했다는 내용이었다. 요즘은 연극도 하고 음악도 한다고 했다. 참 재미있는 이야기였다. 그런데 무엇보다도 그녀의 의미 있는 말이 나의 귀를 쫑긋하게 했다.

그녀는 책을 쓰겠다고 말하고서 주변 사람들로부터 지원금을 받았다고 한다. 그런데 이것이 변화를 가져왔다고 한다. 사실 그녀는 책을 전혀 써본 적이 없었다. 주변에서도 반신반의했다고 한다. 하지만 일단 시작을 하였고 관심 있는 것을 그림으로 그리면서 하나 둘 원고를 준비했다. 하지만 힘이 들고 지치기도 했다.

"내가 여행지에 가서 그림을 그려 이를 책으로 내겠다. 그러니 지원금을 부탁한다." 이 말이 '변화를 가져왔다'고 한다. 만약 자신 혼자만의 생각으로 책을 쓰겠다고 마음먹었으면 몇 장 정도 그리다 금방 그만두었을 것이라고 한다. 그런데 많은 사람들의 "다음엔 어디로 갈 거야?", "재미있네.", "멋있다." 등의 말이 힘이 되고 또 격려가 되었다고 한다.

힘들고 포기하고 싶을 땐 자신을 지원해 준 사람들이 생각나고, 이들에게 한 약속이 다시 그림을 그리게 했다. 중간 중간 좌절하기도 했지만 그들의 얼굴과 말이 떠올랐다. "열심히 해.", "잘 되고 있지?", "책은 언제

나와?"

1년 후 드디어 책을 발간하게 되었다. 물론 초판이라 200권만 발간했다. 이후 책에 있던 그림은 공연의 배경그림이 되고, 홈페이지의 바탕화면이 되었다. 독자들이 티켓과 감자 등의 음식도 선물받았다고 한다.

작은 책 하나가 흥분과 만족감, 성취감을 가져오고 이것이 이어져 약 10년 후가 되면 보통 사람과 약간은 다른 사람이 될 것이다. 한 번 성취를 맛 본 사람은 다른 하나를 더 성취할 수 있다.

그녀의 이야기처럼 여러분도 무언가하고 싶은 것이 있으면 이를 글과 말로 쓰고 말하라. 그러면 달성된다. 사람은 누구나 힘들고 중간에 좌절하여 포기하고 싶다. 또 '타성'이라는 것이 있어 편히 살고 싶어 한다. 이를 박차고 다시 힘을 내는 것은 훌륭한 위인이나 몇몇의 독한 사람만이 할 수 있는 것은 아니다. 힘을 내고 용기를 가지면 타성을 극복할 수 있다. 이때 약간의 통제나 누군가로부터 감시를 받는 것이 도움이 된다. 그래서 말이나 글로 공개해야 한다.

여러분이 잘 아는 마시멜로 이야기: 두 번째라는 책에 이런 내용이 있다. 미국 어느 대학교의 졸업생을 대상으로 한 조사에서 목표를 세웠던 학생은 졸업 후 목표가 없이 공부했던 학생보다 소득이 두 배 높다는 결과가 드러났다. 그런데 목표를 세우고 이를 기록(일종의 공개)하였던 학생은 그렇지 않은 학생보다 소득이 열 배나 더 높았다고 한다.

그래서 나는 의도적으로 계획이나 목표를 공개한다. "올해는 책을 출판하겠다.", "운동을 해서 체중을 줄이겠다." 이는 나의 나태함을 극복하고 나를 재촉하기 위한 방법이다.

"면접장소에 가기 전에
반드시 이 연습을 하여야"

1. 당신이 자신감과 집중력을 가졌던 순간을 생각해 보라. 당시 보았던 것을
   보고, 들었던 것을 들어 보라. 당시의 자신감과 좋은 기분을 느껴 보라.
   그 감정을 빠르게 회전시키면서(영화 필름을 빨리 돌려라.) 강화하라.

2. 자신감을 회전시키면서 면접장소를 향해 떠나고 그곳에 도착한 당신을 상
   상하라. 그 감정을 강화하면서 문을 열고 들어가 면접관을 만나는 당신을
   상상하라.

3. 당신이 면접관에게 질문받는 장면을 상상하라. 그 감정을 계속 회전시키
   면서 자신 있게 대답하는 모습을 상상하라.

4. 예상치 못한 질문을 받았지만 자신 있고 명료하게 대답하는 당신을 상상
   하라. 이 순간에도 자신감을 계속 회전시켜야 한다.

5. 이 과정을 계속 반복하라. 그러면 실제 인터뷰 때 자신감이 충만한 당신을
   발견하게 될 것이다.

〈출처:꿈의 실현 20분, 리처드 밴들러 저, 이한 역〉

"시험을 보기 전에
반드시 이 연습을 하여야"

1. 실제 시험장에서 풀어야 할 문제 형태와 비슷하게 공부 내용을 정리하라.

2. 당신이 자신감과 열정, 놀라운 집중력을 가졌던 순간을 기억하라. 그때 보았던 것을 보고, 들었던 것을 듣고, 느꼈던 것을 느껴라. 그 감정을 강화하라.

3. 공부하는 동안 정리한 내용 일부가 방안 여기저기에 적혀 있는 것을 상상하는 연습시간을 가져라. 당신이 원하는 곳이라면 어디서든 공부 내용을 머리에 떠올릴 수 있을 때까지 생생하게 상상하라.

4. 실제 시험장에 가서도 예전과 똑같은 자신감, 열정, 뛰어난 집중력을 지닌 상태를 유지하라. 그리고 그 감정을 회전시켜라.

5. 시험문제를 풀기 시작하라. 다만 당신의 방 안에 있는 것처럼 상상하고 연습했던 것과 똑같은 방법으로 눈앞에서 정답을 보라.

6. 답을 다 적은 뒤 만족스런 미소와 함께 일어서 시험장을 나가는 당신의 모습을 생생하게 바라보라. 그리고 그렇게 행동하라.

〈출처:꿈의 실현 20분, 리처드 밴들러 저, 이한 역〉

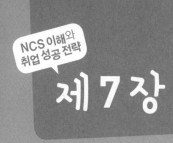

NCS의 한계와 과제

1. 면접관 질문스킬 및 평가능력 향상

NCS 면접의 핵심은 지원자의 과거 경험을 객관적으로 평가하는 데 있다. 면접이란 지원자가 기업이 원하는 직업기초능력과 직무수행능력을 보유하였는지를 경험 면접이나 상황 면접 등 다양한 방법으로 평가하는 과정이다. 이 질문은 면접관의 질문스킬과 응답의 진실성 여부를 평가하는 능력이 중요하다.

사실 NCS 면접은 매우 훌륭한 시스템임에 틀림없다. 심리학에서는 인간의 행동은 전이가 가능하다고 하며 이를 '행동의 전이가능성'이라 한다. 그래서 과거의 행동이 미래의 유사한 상황에서 나타난다는 것이다. 과거에 어려운 문제를 극복하였다면 미래에 어려운 상황이 도래했을 때도 극복할 수 있다. 또 과거에 고객의 불만을 잘 처리한 경우에는 미래에 불만 고객을 마주하였을 때도 효과적으로 처리할 수 있다는 것이다.

크리스마스 동화에 나오는 것처럼 스크루지 할아버지가 악몽을 꾸고서 착한 사람으로 변하는 것은 현실에서는 거의 있을 수 없는 일이다. 이는 동화에 나오는 이야기일 뿐이다. 내가 약 20여 년간 인사업무를 담당하면서 느낀 것에서도 이를 증명할 수 있다. 4년 전 나는 이직경험이 매우 많은 지원자를 만났는데, 면접에서 지금까지 자신의 행동이 후회스럽다고 울먹이면서 입사를 하게 되면 "분골쇄신하여 일을 하겠다."고 했다. 결국 그 지원자는 입사 7개월 만에 퇴사를 했다.

NCS 기반의 면접은 '행동의 전이가능성'을 전제로 이루어져야 한다. 지원자의 과거 경험과 행동을 파악할 수 있는 질문스킬이 필요하다. 이를 탐색질문(probing question)이라 한다. 또는 추가질문, 꼬리를 무는 질문이라고도 한다.

면접관은 탐색질문을 통하여 다음 두 가지를 측정하여야 한다. 하나는 지원자가 조직이 원하는 능력과 구체적 행동(준거행동)을 수행하였는가

를 측정하여야 한다. 또 다른 하나는 응답자가 진실하게 거짓 없이 답을
했는가를 측정하여야 한다.

가. 탐색질문

모든 질문 뒤에는, 특히 진실성이 의심스러운 답변이 나오면 바로 탐색
질문을 해야 한다. 그 당시 상황을 꼬치꼬치 캐묻고 그것을 왜 난관이라
고 여겼는지, 그것을 극복하기 위해서 어떤 대안을 검토했는지, 그중에
서 어떤 안을 왜 선택했는지, 그 결과는 어떠했는지 등을 육하원칙(언제,
어디서, 누가, 무엇을, 어떻게, 왜)에 따라 논리적으로 검증해 나가는 것
이다.

이 탐색질문이 면접에서 가장 중요한 면접관의 스킬이다. 이렇게 꼬치
꼬치 물으면 지원자의 사고나 가치관, 그리고 구체적인 상황에서의 지원
자의 행동을 파악할 수 있다. 지원자가 끈기가 있는지, 책임감은 있는지,
문제해결능력은 있는지, 협력적인지 등을 파악할 수 있다.

가끔 시간 부족으로 탐색질문을 하지 않고 넘어가는 경우가 있는데, 그
럴 때는 차라리 그 질문 전체를 생략하고 다른 질문을 하는 것이 좋다. 다
시 말하면 탐색질문은 반드시 필요하다.

나. 응답의 진실성을 판단하는 평가능력

진실성이야 말로 대인관계를 기반으로 하는 조직생활에서 가장 근본적인
것이다. 따라서 진실성을 그 무엇보다도 우선적으로 평가하여야 한다.

사람이 거짓말을 할 때는 행동에 변화가 드러난다. 그래서 거짓말 탐지
기가 존재한다.

인간의 신체에는 어떤 변화가 나타날까? 신경언어학습이론에서는 새로운 것을 구체적으로 상상할 때는 사람의 눈동자가 오른쪽 위를 향하고, 예전에 있었던 일을 기억할 때는 눈동자가 왼쪽 위를 향한다고 설명한다. 영국의 임상시험 결과 이는 왼손잡이보다 오른손잡이에게 타당한 것으로 나타났다.

:: 그림 7.1 눈동자의 위치

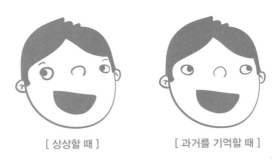

[상상할 때] [과거를 기억할 때]

하지만 또 다른 연구자들은 실험을 통해 동일한 결과를 검증할 수 없었다며 의문점을 제기했다.

하트퍼드셔대학의 심리학과 리처드 와이즈먼 교수팀은 거짓말을 알아내는 데 눈동자의 움직임보다 말을 더듬거나 과장된 손짓을 보는 것이 더 효과적이라는 연구 결과를 발표했다.

연구팀은 한 실험자 집단을 대상으로 진실이나 거짓을 말할 때 눈동자의 움직임을 보기로 하고 이를 촬영했다. 또 다른 실험자 집단에게는 녹화된 영상을 보여주고 눈동자의 움직임을 관찰해 거짓말의 여부를 판단하게 했다. 그 결과 눈동자와 거짓말 간의 상관관계는 나타나지 않았다. (플로스원 학술지, 2012년 7월)

결론적으로 NCS의 성공적인 정착을 위하여 면접관을 선발하고 이들의 질문스킬을 향상시켜야 한다. 또 진실성을 평가할 수 있는 역량을 습득하도록 해야 한다. 그러나 현장에서 업무를 담당하는 관리자들이 질문스킬을 익히고 진실성 여부를 평가하는 기법을 이해하고 습득한다는 것은 어려운 것이 현실이다.

단기적으로는 외부 면접 전문가를 활용하는 것이 효과적이다. 다만 외부 면접 전문가도 질문스킬과 진실성을 평가할 수 있는 능력이 있어야 한다.

2. 채용과정의 외압을 벗어나

2014년 홍콩 정치경제 리스크 컨설팅사의 보고에 따르면 우리나라의 부패지수가 175개국 가운데 43위이고, OECD 34개 국가에서는 27위를 기록했다고 한다. 그만큼 기득권 계층의 영향력이 크고 사회가 전반적으로 공정하지 못하다는 것이다.

:: 표 7.1 2014년 국가별 부패지수(10점에 가까울수록 부패)

국가	부패지수	국가	부패지수	국가	부패지수
싱가포르	1.60	미국	3.50	한국	7.05
일본	2.08	마카오	3.65	중국	7.10
호주	2.55	말레이시아	5.25	필리핀	7.85
홍콩	2.95	대만	5.31	캄보디아	8.00

〈출처:홍콩 정치경제 리스크 컨설팅사(PERC)〉

NCS 기반의 채용은 기존의 필기시험을 대체하여 입사지원서와 면접전형을 통하여 이루어지므로 따라서 객관성을 확보하는 것이 관건이다. 어떠한 선발제도보다 시험이 객관적인 것은 사실이다.

얼마 전 전 외교통상부 장관의 딸이 부정한 방법으로 외교부에 특채되었다는 사실이 밝혀지면서 현대판 음서제도 논란이 벌어졌다. NCS는 그런 면에서 부정 채용의 개연성을 확대할 가능성이 크다.

제도의 객관성이 보장되지 않는다면 운영의 객관성이 확보되어야 한다. 문제는 우리나라의 기득권층, 상위 계층의 의식이 공정하지 못하다는 데 있다. 부패지수, 지도층의 비리가 끊이지 않는다.

NCS 기반의 채용 시스템이 정착되기 위해서는 공공기관, 공기업 채용 실무자의 권한이 확대되어야 하며, 기관장 또는 정부의 채용 압력이 없어져야 한다.

3. 인턴 등 사회적 기반 구축 필요

NCS 기반의 채용은 학생들이 실제 직무 또는 유사 환경에서의 다양한 경험과 행동을 평가하는 것이다. 따라서 학생들이 다양한 경험을 할 수 있도록 하는 사회적 기반을 제공하여야 한다.

인턴
아르바이트
사회봉사활동
각종 공모전
창업기회
⋮

이를 위하여 정부는 각 공공기관 및 기업들이 인턴제도를 적극적으로 도입하도록 권고하고 이들 기관 및 기업은 다양한 인턴제도를 도입하여야 한다. 그리고 지자체는 사회봉사활동 프로그램을 개발하고, 참여 기회를 확대하여야 한다. 학교에서도 학점과 더불어 매년 봉사활동 점수제를 도입하여 할 것이다.

필요에 따라서는 공익성이 있는 각종 협회 등에서도 학생공모전을 개최하여 학생들의 참여 기회를 최대한 만들어야 한다.

또한 학생단체의 자발적 아이디어를 수용하는 것도 중요하다. 얼마 전 학생들의 모임이 중심이 되어 창업대회를 개최하거나 모의 이사회 제도 등을 운영하는 경우도 있었다. 이런 모임을 후원하고 개최 장소나 미팅룸을 제공하는 것도 간접적으로 학생들에게 기회를 제공하는 것이다.

정부, 공공기관, 지자체, 기업, 학교 등 관련 조직이 학생들의 참여 기회를 확대할 수 있도록 하는 제도적 여건을 조성하여야 한다.

최근 인터넷에 아르바이트생들의 모임인 노동조합이 결성되었다고 한다. 이들은 속칭 '알바 5적'을 공개했다고 했다. 여기에는 유명한 모 제과점도 끼여 있었다. 놀라운 것은 이곳에 노동부도 포함되었다고 한다. 노동부는 최근 늘어나는 아르바이트생의 권리를 보호하지 못하고 대기업, 갑의 횡포에 눌려 아르바이트 학생들이 피해를 당하게 했다는 것이 원인이었다.

인턴이나 아르바이트 자리가 늘어나는 추세이고 또 열정페이 등이 이슈화되는 시점에서 젊은 학생들의 권리를 보호하고 관리하며 바람직한 문화를 조성하는 것이 정부의 역할일 것이다.

4. 구체적 선발방법 제시 필요

2015 NCS 기반 능력중심 채용 가이드북 등에서 제시된 선발방법으로는 서류전형, 필기전형, 면접 등이 있다. 그러나 NCS에서 제시하고 있는 직무수행요건과 연계시키는 방법에 대한 방향 제시가 미흡하다. 예를 들면, 지식, 기술, 태도, 직업기초능력, 직무수행능력을 어떤 선발방법으로 평가하는 것이 가장 효과적인지에 대한 기준이나 제시가 없다.

필기시험은 그 특성상 지식이나 인식 정도를 평가하는 데 유용하다. 하지만 필기시험으로는 직업기초능력 가운데 일부 항목이나 직무지식을 평가하는 데 제한이 있을 수밖에 없다. 어떤 것이 중요한지, 구체적으로 어떤 요인이 포함되어야 하는지 정도만 평가할 수 있다.

기본적으로 시험과 면접은 특성이 상이한 선발방법이다. 시험이란 지식, 인식을 평가하는 선발방법이다. 시험으로 의사소통능력, 문제해결능력을 평가한다는 것을 이해하기는 어렵다. 단지 의사소통능력의 중요성, 의사소통능력에 영향을 미치는 요소가 무엇인지 정도만 평가할 수 있다. 지원자가 특수한 상황에서 어떤 의사소통 경험을 했는지, 어떤 행동을 했는지는 면접에서 평가해야 한다.

평가센터는 객관적인 선발방법이다. 그러나 롤 플레이 면접, 역할토의, 서류함기법 등 시뮬레이션을 위하여 사전 사례개발이 전제되어야 한다. 사례는 유출되기 때문에 매 시험마다 사례의 변경이 필요하다. 또 지원자보다 많은 평가자가 필요하다. 효율적인 운영을 위하여 외부평가자가 참여하는 경우가 많다. 평가센터를 운영하기 위한 비용, 시간 등을 고려하여야 한다. 평가센터 설계 및 운영의 어려움 때문에 많은 기업이 중도에 포기하기도 한다.

여러 선발방법에 대한 구체적 특성을 연구하고 기업의 규모나 업종 등 여러 사항을 고려하여 효과적인 선발방법을 결정하여야 할 것이다.

저자 소개

정종태

현

한양대학교 겸임교수
㈜드림씨아이에스 전무이사
퍼스트인컨설팅/씨큐브컨설팅 대표
한국생산성본부 인적자원관리부문 강사
한국HRD센터 인적자원관리부문 강사
디큐브아카데미 강사

전

㈜이트너스 자문위원
농협대학교 자문위원
한국직업능력개발원 자문위원
신한증권 인사팀 팀장
㈜동부 시스템컨설팅 인사부장
베어링포인트 이사
국민은행 인사부 과장
고려대학교, 한양대학교, 상명대학교 대학원 강사

공공기관 및 공기업 면접 및 평가위원
여수순천항만공사 면접위원
한국청소년활동진흥원 면접위원
한국산업인력공단 평가위원
한국청소년발전연구원 평가위원
민주평화통일자문회의 평가위원

고려대학교 대학원 경영학 박사

저서

임원 제도 및 인사관리(한국인사관리협회)
알기쉬운 BSC(코미트)
인사관리 기본과 실제(시그마프레스)